THE CRITIC

이단성, 분리, 분열의 관점에서

전광훈, 최바울의 인터콥에 대한 비평

김진국 지음

고백과 문답

THE CRITIC

이단성, 분리, 분열의 관점에서
전광훈, 최바울의 인터콥에 대한 비평

초판 1쇄 인쇄	2022년 8월 15일
초판 1쇄 발행	2022년 8월 31일

저자	김진국
발행처	고백과 문답
출판신고	제2016-000127호
주소	서울특별시 여의대방로 134-1 봉림빌딩 507호
전화	02-586-5451
편집	고백과 문답
디자인	최주호
인쇄	이래아트(02-2278-1886)

ISBN   979-11-971391-8-5   03230

값 10,000원

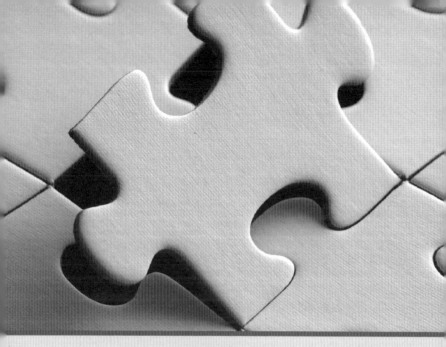

THE
CRITIC

이단성, 분리, 분열의 관점에서
전광훈, 최바울의 인터콥에 대한 비평

김진국 지음

고백과 문답

목차

서문

교회는 그리스도의 몸일 뿐만 아니라, 하나님의 나라
의 가시적인 모습이기도 하다. 그러므로 교회는 때때로
하나님의 백성들의 총회로서의 '비가시적 교회'(invisible
church)라고 칭하기도 하고, 예배와 성례를 시행하며 교
회회의로서의 교회정치적인 조직체인 '가시적 교회'(vis-
ible church)라 칭하기도 한다.

사도신경에서 "거룩한 공회"라고 고백할 때에, 그것은
하나의 거룩한 공교회를 믿고 고백하는 것이다. 교회는
하나이며, 거룩하고, 보편적이며, 사도적(Apostolic)이기
도 하다. 그러므로 하나의 보편적 교회를 찢고 분리하는
일은 실족케 하는 일(Scandal)로서, 그러한 것이 바로 '이
단'(Heresy)과 분리주의자(Separatist)들의 행태이다. 교회
의 역사에 있어서 중세 말기 로마가톨릭의 교회됨에 있
어서의 거짓과 부패는 결국 참된 교회로서의 사도적 교
회로부터 분리해 나간 것이었으며, 재세례파(Anabaptist)

의 급진적인 분파주의는 개신교로부터도 또 다시 분리한 것이었다.

그러나 종교개혁자들은 하나의 교회, 보편적 교회를 믿고 나누어지지 않고 연합하기를 바랐다. 그래서 그들은 로마 가톨릭교회가 거짓교회로 밝혀지기 전까지는 여전히 교회의 한 부분으로 보았으나, 로마 가톨릭교회가 참된 교회로서 개혁하고자 했던 개신교회로서의 개혁교회를 박해하고 이단으로 몰아가는 악을 행함으로 그 스스로 거짓교회인 것을 드러내자, 거짓교회인 로마 가톨릭교회와 결별할 수밖에 없었다. 또한 종교개혁자들은 재세례파가 극단적 분파주의적 태도로 분열해 나아갈 때에도 그들이 스스로를 돌아보기를 원했지만, 재세례파는 하나로서 개혁된 교회를 떠나서 세상과 분리하는 교회를 지향해 버리고 말았다.

한편, 근래의 한국 역사에 있어 이단의 폐해는 단지 교회만의 고통이 아니라 사회 국가적인 고통을 유발할 수 있는 문제임이 드러났다. 구원파와 관련된 세월호 참사는, 박근혜 전 대통령과 연관된 소위 비선실세라 불린

최순실의 아버지 최태민이 창시한 영생교와 같은 이단이나 사이비 세력과 정치가 연계될 때 어떠한 국가적 재앙과 혼란이 초래되는지를 보여주었다. 또한 코로나 19로 말미암은 펜데믹(Pendemic)의 초기에 사회적으로 크나큰 위기를 초래한 '신천지 예수교증거 장막성전'(일명: 신천지)의 사례도 있었다. 신천지의 이단적 가르침에 내포되었던 비도덕성과 은밀함이 코로나 19의 대응 가운데서 물리적으로 그 정체를 공개할 수밖에 없었다. 이처럼 사이비와 이단의 문제는 사회적인 문제이기도 하기에, 이에 대해 교회와 국가의 긴밀한 협력이 필요한 것이다. 교회는 교리적 가르침을 분별하고, 국가는 윤리적으로나 사회적 기준으로 분별하여 공동으로 대처해야만 하는 것이다. 그런즉 이러한 일들이 앞으로 지속적으로 이루어지기를 바란다.

사실 여기서 다루는 짧은 책은 최근 코로나 19로 말미암은 펜데믹의 시기에 한국교회 안에 도사리고 있다 최근에 밝히 드러나고 있는 부끄러운 부분들과 분파적인 성향들 가운데서 대표적인 두 가지 사례를 다룬다. 이 연구에서 보자면 전광훈은 이단성 문제가 아주 심각하며,

한국 교회를 혼란하게 하고 교회정치를 훼손하면서 분파를 조장하며 실제로도 분리를 자행했던 자이다. 그뿐만 아니라 이단성 있는 주장들을 공공연히 말하고, 목회자라는 직분을 가지고서 세속 정치에 영합한 운동을 펼치는 것과 그 선동적 행태로 인해 교회의 거룩성과 명예를 심각하게 실추시켰다.

전광훈 목사는 자신의 이단성 있는 발언과 행동을 바꾸지 않고 근자에 이단적 발언을 계속하고 있다. "내가 하는 모든 일은 주님이 하는 일"(2022년, 8월 5일 자유통일당 라이브)이라든지, 구약과 신약에 이어 자신의 말을 통해 지금은 전해진다는 식의 "직통계시"를 드러내는 말들이나 (2022년 7월 5일 자유통일을 위한 전국 부흥사 영성수련회), 성경의 말씀과 자신의 말이 충돌할 때 자신의 말을 들어야 한다는 이단적인 발언들이다. 먼저 언급해 두고자 하는 것은 이 책 "1부 전광훈 목사의 신학과 그 활동"에 대한 내용은 2020년 7월에 작성된 내용이므로, 그 이후 전광훈 목사의 최근 집회의 우려스러운 이단적인 말은 거의 담고 있지 않다.

전광훈 목사는 이단성과 이단적 요소에 대해 반성과 수정의 기회를 여러 교단들에서 제공했지만, 그것을 돌이키지 않고 있다. 그러하기에, 2021년 합동측에서 "참여 및 교류금지"를 결정했고, 고신측에서 전광훈목사에 대해 "이단성 있는 이단옹호자"라 결의하였다. 2021년 합신의 경우 신학연구위원회의 보고에 따르면, "'하나님 까불면 나한테 죽어'라든지, 자신을 '성령의 본체'라고 말한 주장, 그리고 스스로 자신이 '생명책에서 이름을 지우겠다,' 그리고 직통계시를 주장하는 등과 같은 사례들이 있다. 이러한 발언들은 용인될 수 없는 이단적이며 악한 행위이다."라고 전광훈씨의 망령된 발언들에 대해 판단하였다. 이런 총회적 결의가 있은 뒤에도, 전광훈 목사는 반성이나 돌이킴 없이 말과 행동에 있어 오류와 이단적인 말을 계속 하고 있다. 성경의 근본교리를 부정하거나 변질시키는 자는 이단인데, 이런 발언들을 자주 하고 있다. 도리어 전광훈 목사는 반성하거나 돌이키지 않는다. 그러하기에 이번 2022년 교단 총회에서는 전광훈에 대해 총회나 이단대책위원회의 판단이 더욱 구체적으로 나올 것으로 사려된다. 연합으로 활동하고 있는 "10개 교단 이단대책위원회"의 판단도 추가적으로 나올 것으로 사료된다. 총회나 이대위의 결정들에 있어, 이 책이 도움이 되었으면 한다.

또한 최바울의 인터콥 같은 경우에는, 분파주의적인 "분리"를 자행하는 것이 참으로 우려스럽다. 선교적인 측면에서 보더라도 한국교회 전체의 틀 가운데서 연합하여 사역하지 못하고, 지교회들에 문제를 일으키기도 하였으며, 현재는 그들 스스로 '분리의 길'을 걷는 중인 것으로 보인다. 이에 대해서는 더 이상 분파주의적 길을 걷지 않기 바라는 마음이 간절하다.

스코틀랜드의 목사였던 제임스 더럼(James Durham, 1622-1658)은, '분리'(schism)가 이단과 우상숭배와 더불어서 육신으로부터 비롯된 것이고(갈 5:20) 교회를 세상에 대해 가장 비참하고 경멸할 만한 곳으로 만드는 것이라고 말했다. 교회의 역사에 있어서 대표적인 분리의 사례로 '노바티아누스파'(Novartian)와 '도나투스파'(Donatism)를 들 수가 있는데, 그들은 모두 분파적으로 분리했다. 칼뱅은 그의 기독교강요에서 이 두 분파주의자들의 폐해가 얼마나 크고 악한 것인지를 잘 설명한다.

사실, 위에 언급한 이단과 분리(분파)는 공교회에 아주 큰 해를 끼치는 것이다. 이와 동일하지는 않더라도 여러 가지 이유에서 수많은 분열이 이루어졌었는데, 이 또한 안타까운 현상으로서 가능한 한 지양해야 할 것이다. 예컨대 부활절을 지키는 것에 있어 서로의 날짜를 다르게 정하여 발생한 서방교회와 동방교회의 분열이 대표적이다. 하지만 이런 현실적이면서도 신학적인 난제들에 대해서는 많은 인내와 서로간의 잠정적인 용인이 필요한 것이다.

끝으로 이 글을 가독성 있게 윤문하고 출판해 주신 고백과 문답 대표 장대선 목사와, 이 책의 출간을 위해 재정을 감당해 주신 임기석 성도에게 진심어린 감사의 말씀을 전한다.

2022년 8월의 무더위 가운데서

제1부

전광훈의 신학과 그 활동[1]

---

1   이 글은 2020년 7월 28일 대신총회신학위원회 이단연구발표회 "전광훈 목사
의 신학연구(전광훈 목사의 이단성 조사)"라는 제목으로 발표된 내용에 약간 추
가하여 작성한 글이다.

1. 전광훈에 대한 이단성 심사

지난 2019년에, 대신 총회 경안노회가 제54회 총회에서 전광훈 목사의 이단성 여부를 조사해 주기를 요청하는 헌의안을 올린 일이 있었다. 당시 경안노회에서 그러한 헌의안을 올린 이유는 첫째로, 전광훈 목사가 정통교회에서 이단으로 정죄한 변승우 목사를 이단에서 해제하고 한기총 공동회장으로 세움으로써 한국교회의 신학적 정통성을 심각하게 훼손했다고 보았기 때문이었다. 특히 그러한 행동이 전광훈의 가르침과 행동에 있어서의 이단적 가르침을 공식적으로 표명하고자 함이 아닌가 하는 심각한 우려가 당시에 팽배했었던 것이다. 뿐만 아니라 경안노회가 이단성 조사를 요청했던 두 번째 이유는 전광훈 목사의 한국 교계에 심각한 물의를 일으키는 망언들을 일삼고 있는 것에 대한 우려 때문이었다. 이는 이후로도 불거지고 있는 다음과 같은 전광훈 목사의 언행에 대한 우려에서였을 것이다. 예컨대 전광훈 목사는 '문재인하야범국민투쟁본부'(이하: 범투본)라는 단체를 설립하여, 광화문광장에서 시국집회를 이어갔다. 전광훈 목사의 망언은 더욱 심각해져서 2020년 2월 13일에 8개 주요교단 '이단사이비대책위원장협의회'에서 전광훈 목사가 여러 대중 집회에서 발언한 내용들이 한국교회와 성도들에게 신앙적으로 큰 피해를 주고 있다고 판단하여 심각하게 우려하는 발표를 했다.

필자는 이 글을 신학위원회의 제안에 의해 쓰게 되었는데, 본론에서 2019년에 헌의된 두 가지 사안들을 본격적으로 다루고자 한다. 즉, 첫째로 전광훈 목사의 신학에 대해 살펴보면서 정통신학과 벗어난 것이 어떤 것인지 살펴볼 것이며, 둘째로 한국 교계에 물의를 일으키고 있는 그의 망언과 활동에 대해서 상세히 검증해보고자 한다.

2. 전광훈의 신학적 문제점

1) 전광훈의 집회, 책, 신문지상에 전면으로 광고하여 올린 도표들을 중심으로

전광훈은 설교나 강의(집회)는 많이 했지만, 책으로 출판한 것은 2권 정도가 고작이다.[1] 그러므로 그의 문제점에 대해 객관적인 비판을 하기가 어려운데, 다만 국민일보에 광고형식으로 여러 차례 올렸던 도표들이 근거가 될 수 있을 것이다. 왜냐하면 그 도표들은 전광훈 자신의 신학과 이해를 함축하고 있는 것이라 할 수가 있기 때문이다. 그래서 이 연구에서는 그 도표들에 전제되어 있는 신학적 입장과 그의 강의와 집회 때의 발언 가운데 문제시되었던 것들과 그가 출간했던 책 「옥중서신」의 내용들도 충분히 살펴보았으니, 대략 이러한 자료들을 근거로 그의 신학 가운데 담겨 있는 정통신학의 기준에서의 이탈이 어떠한 것들인지를 추적해 보고자 한다.

---

[1] 한국사에 대한 「이승만의 분노」와 최근 2020년 6월에 출판한 「옥중서신」이다.

(1) 전광훈의 삼위일체론

전광훈은 국민일보에 "족장으로 나타난 삼위일체"라는 제목의 도표를 게재한 적이 있는데,[2] 그 표를 보면 "형상회복"이라는 주제로서 창세기 12장의 아브라함을 성부로, 창세기 24장과 26장의 이삭을 성자, 그리고 창세기 28장의 야곱을 가리켜서 성령이라 칭하여, 삼위일체에 대한 설명에 있어서의 대표적인 이단인 양태론적 단일신론의 맥락을 담고 있음을 볼 수가 있다. 그러나 우리에게 잘 알려진 대표적 개혁주의 조직신학자인 루이스 벌코프(Louis Berkhof, 1873-1957)에 따르면, "사벨리우스주의자들(the Sabellians)은 삼위에 대한 설명에 있어서 하나님께서 그 자신을 창조와 율법의 수여에 있어서는 성부로, 성육신에 있어서는 성자로, 그리고 중생과 성화에 있어서는 성령으로 계시하심으로써, 각각 차례대로 취하신 신적 행위 혹은 현현의 여러 양태들(modes)로 간주했다. [그러나] 그들의 주장대로라면, 삼위께서 한 분으

---

2 2018년 4월 5일 국민일보 32면에 전면광고로 전광훈 목사가 제작한 표를 게재했다.

로 축소되는 것"[3]이라고 했다. 바로 그처럼 전형적인 양태론적 설명으로서, 전광훈은 아브라함을 성부, 이삭을 성자, 그리고 야곱을 성령이라고 하여, 세 위격이 각각 세 단계로 나타나심을 말하고 있는 것이다. 또한 그 표를 보면, 야곱 이후의 인류의 수가 점차 확장되는 과정에서의 12지파의 역사에 대해, 70인(출 1:20)에서 시작하여, 60만으로 확장된 것이라 주장한다. "생육하라, 번성하라, 충만하라"는 말씀을 두고 지나치게 확대하여 해석하는 것이다.[4] 즉 야곱이 벧엘에서의 체험적 신앙, 만나는 신앙, 영이 열리는 신앙, 보장받는 신앙으로 특징지워지고, 가정, 자녀, 사업이 열리고 확대되는 역사가 되는 것이라고 설명하는 것이다. 뿐만 아니라 국민일보에 게재한 그 표는 성부와 성자의 시대를 거쳐서 성령 하나님의 시대로써 그 이후 확대의 역사를 도식화한다.

그러나 정통 신학에서는 니케아 콘스탄티노플 신경과 어거스틴의 삼위일체론에 따라 성부 하나님, 성자, 그리

---

3 루이스 벌코프, 『벌코프의 조직신학 개론』, 박희석 옮김(서울: 크리스챤다이제스트 2016), 69-70.

4 2018년 4월 5일 국민일보 32면에 전면광고.

고 성령 하나님께서 모두 '동일본질'(ὁμοούσιος, Homoou-sion)이시며, 한 분이신 하나님이심을 고백하고 있다. 신적 존재 안에 구분 할 수 없는 한 본체와 세 위격들이 계신다는 것이다. 아울러 삼위일체 하나님이 외부로 향하는 사역[5], 즉 창조, 구속, 구원이 분리됨이 없이 이뤄짐을 믿는다. 그러므로 창조주 하나님께서도 삼위일체이신 한 하나님이시며, 구속의 역사를 이루시는 그리스도께서도 삼위일체이신 한 하나님이라고 고백한다. 따라서 아브라함과 이삭과 야곱에게 계시된 하나님, 그리고 모든 믿음의 조상들이 본 하나님이 바로 삼위일체 하나님이시라고 해석해야 하며, 다만 "여호와의 사자"(창 16:7)에 대해서는 통상적으로 '성자'로 해석해야 하는 것이다. 작고하신 박윤선 박사에 따르면,[6] 계시의 방법에 있어서 하나님이 족장들에게 나타나시어 말씀하셨거나, '여호와의 사자'가 말씀하신 것이라고 해석해야(창 16:7, 22:15, 24:7, 31:11) 한다. 그런즉 "여호와의 사자"는 하나님을 호칭하기도 하고, 순수하게 하나님의 사자를 통칭

---

5 루이스 벌코프, 조직신학 상, 권수경, 이상원 역, 크리스챤 다이제스트 1994, 286.

6 박윤선, 성경주석 창세기, 영음사 2003, 179.

하기도 하는 이중적인 용례로 사용된다고 했고, 후대의 그리스도의 성육신(incarnatio)을 예언하는 것이라고 언급했다. 이처럼 아브라함이나 이삭이나 야곱에게는 삼위일체이신 하나님께서 말씀하시고 계시하신 것이고, 다만 "여호와의 사자"와 같은 경우에는 문맥에 따라 '성자'이신 하나님으로 해석하여야 하는 것이다.

(2) 전광훈 목사의 성경해석의 문제점

한편, 전광훈은 국민일보 광고면에 "창세기 1장 창조로 나타난 그리스도"라는 제목의 도표를 게재한바 있다.[7] 거기서 '6일간의 창조와 안식일'을 '예수 그리스도의 생애와 사역'과 하나씩 연결 짓는 알레고리(Allegory)적 해석을 했으며, 거기에 더하여 '심령의 나타남'을 각각 7가지로 연결하여 설명했다. 그러나 이는 오리겐(Ὀριγενες, Origen, 185-254)과 같은 전형적인 자의적 해석(Eisegesis)이자 알레고리적 해석이다. 또한 자연창조에 예수 그리스도의 구속사를 억지로 끼워 맞추고, 심령에 나타나는

---

7 2018년 4월 16일 월요일 국민일보 32면 전면광고.

것을 특정 단어의 외침으로 연결하여 의미를 찾고 있는데, 이는 전형적인 자의적 해석에 불과한 것이다.

정통신학에서는 창세기 1장을 하나님께서 6일간 세상과 사람을 창조하시고, 일곱째 날에 안식하신 것으로 창조주 하나님과 그 분이 하신 사역을 기록한 것이라고 이해한다. 박윤선 박사의 창세기 주석을 보면, "모세는 인간을 섭리하시며 구원하시며 벌하시는 이가 만물을 창조하신 하나님이심을 알려 주려는데 있다. 성경은 구속의 역사라고 할 수 있는데, 먼저 구속자가 누구이심을 말하는 것이 자연스럽다."[8] 구속자 하나님이 창조하신 하나님이시고, 그 분이 구원자이며, 그리스도(중보자)를 약속하신 것을 말하고 있는 것이다. 그리스도(중보자)에 대해 "여인의 후손"(창 3:15)으로 예언한 것을 시작으로 하여, 아브라함의 후손(갈 3:16)으로 오실 분이라 말하고 있다. 그리고 우리를 구원하시는 하나님이 창조주 하나님이심을 믿어야 하는 것이다. 전광훈의 도표대로 "자연창조"와 "예수 그리스도의 구속사"와 "심령에 나타남"

---

8 박윤선, 성경주석 창세기, 영음사 2003, 74.

의 각각 여섯 과정을 상정하고, 세 주제 가운데로 각각 하나씩 연결하여 해석하는 것은, 전혀 근거가 없는 새롭고 위험스러운 주장일 뿐이다.

(3) 전광훈 목사의 성령세례론 및 구원론

뿐만 아니라 전광훈은 국민일보 전면광고란에 성령세례학교라는 주제 아래에 "사도들의 3가지 영적 상태"라는 제목으로 글을 게재했다.[9] 그곳에 보면 "성령세례학교"라는 명칭으로 전광훈이 2018년 7월 5일에 집회를 개최했으며, 사도들의 3가지 영적상태를 "육신의 예수 3.5년"간의 상태, "부활의 예수 40일"의 상태, "오순절 성령세례 후 지금까지"의 상태로 나눈다. 첫 번째 기간 동안은, 제자들이 복음을 배우고 주님과 동행하였으나 성령세례를 경험하지 못한 시기라고 보고, 두 번째 기간의 경우에도 부활하신 주님을 만났으나 아직 성령세례를 받지 못하였으며, 세 번째 기간에야 오순절 성령세례를 통해 비로소 복음사역이 시작되었다고 주장

---

9 2018년 6월 25일 국민일보 32면 전면광고.

하고 있다.

이 도표에 제시된 아이디어는, 그의 "성령세례 심포지엄" 강의로 확인 가능하다. 또한 전광훈은 한국기독교총연합 주최로 2019년 3월 13일에 성령세례 심포지엄을 개최바 있는데[10], 성령 심포지엄에서 강의한 그의 주장들을 아래에서 직접 인용하여 살펴보도록 하자.[11]

"지금이라도 누구든지 주의 이름을 부르는 자에게는 구원과 더불어 성령세례가 임한다. 구원은 주의 이름을 부르는 즉시 임하지만, 성령세례는 조금 인내심이 필요하다. 임할 때까지 부르짖어야 한다. 여러분은 꼭 성령세례에 성공하기를 바랍니다······ 화란의 신학자의 저수지 이론이라는 것이 있습니다. 그것은 거짓말입니다. 성령세례는 지금도 역사합니다. 아마도 지금 아브라함 카이퍼(Abraham Kuyper, 1837-1920)가 천국에서 주님에게 뒤지게 혼날 것입니다. 너 하나 때문에 지구촌에서 성령 못

---

10 http://www.gdknews.kr/news/view.php?no=3914, 성령 심포지엄, 전광훈 목사의 강의 "성령 받는 법"(2019. 3. 13), https://www.youtube.com/watch?v=M3eyaXfg1cA.

11 성령 심포지엄, 성령 받는 법(2019. 3. 13), https://www.youtube.com/watch?v=M3eyaXfg1cA

받는 사람이 얼마인지 알아? 너가 한 권의 책을 잘못 써서 나는 너 죄를 용서할 수 없다……성령세례 경험 없는 사람은 책 쓰면 안 되는 것입니다. 한국의 신학대학 교수의 80%가 아브라함 카이퍼를 따르고 있어요. 성령세례의 단회성을 주장하고 있는 것입니다. 그래서 그들의 영향 때문에 성령에 대해서 말을 할 때에 성령세례란 말을 하는 것을 싫어하는 것입니다. 성령세례라는 말을 안 쓴다. 그냥 성령충만을 쓴다. 그것은 사탄에게 넘어간 것입니다. 그러나 사도바울은 그렇지 않았습니다. 주님이 썼던 용어를 그대로 써야 하는 것입니다. 너희가 요한의 세례를 받았으나 그것만 가지고는 안 돼. 신학교 나와도 안 돼. 성경 다 외워도 안 돼. 목사안수 받아도 안 돼. 너희에게는 새로운 세계가 임해야 돼. 몇 날이 못 되어, 성령으로 충만하다가 아니라 성령으로 거듭나다가 아니라 성령의 세례를 받으리라. 절대로 여러분은 용어에서 밀리지 마세요. 성령으로 거듭난다는 말과 성령세례는 전혀 다른 것입니다. 성령의 충만이란 말과 성령세례는 전혀 다른 것입니다. 성령의 인도, 성령의 열매 모든 성령에 대한 말과 성령 세례라는 말은 다른 것입니다. 사탄이가 성공했어요. 사람들 입에서 성령세례라는 말을 쓰는 것을 거부한 것은 사탄의 성공이예요. 바울이 성공했습니다. 전광훈 목사가 성공했습니다. 절대로 성령세례란 말에서 밀려나지 마세요……여러분의 입으로부터 성령세례를 시인해야 합니다. 일단 한번 따라 해 보세요. 성령세례는 오늘날도 있다. 나는 받을 수 있다. 나는 꼭 받으리라. 이렇게 입으로 여러분 구원도 입으로 받는 것입니다. 마음으로 믿음으로 믿어 입으로 시인하여 구원해 가는 것입니다. 성령세례도 동일합니다. 입이 열려야 성령세례가 열립니다. 오늘 이 시간 입을 여십시오. 저를 한번 따라해 보십시오. 주여, 이제 여러분에게 성령세례가 올 것입니다. 입을 닫고 있는 사람에게는 절대 안 옵니다……(행 18: 24~19:7절을 읽고 난 뒤,) 할렐루야 오늘 이 시간 다 이렇게 되기를 바랍니다. 방언이 터지기를 바랍니다. 결정하십시오. 성령세례 안 받으면 구원은 받을지 몰라도 사역에 관해서는 시체입니다. 나는 오늘 내 눈으로 목사님들 보면요 걸어가는 시체예요……뼈빠지게 해가지고 일 년에 세례교인 12명 못 만들면, 나 혼자 만든 율법에 그 사람 시체입니다. 성경에 없습니다. 나 혼자 만든 법입니다. 그 사람은 시체입니다……내가 한기총의 흉을 보겠습니다. 전부 공동묘지이다. 시체 냄세가 난다……그런 시체들을 데리고 임원모임을 하려니까, 기가 막힙니다……한기총 대표회장 못하겠어요. 시체들을 데리고 못하겠어요……신학교 교수들이 장난 못 치게하겠다. 한기총 이름으로 내가 성명서를 발표하렵니다. 성령세례를 부인하는 인간들은 목사와 교수직에서 다 해임하고 다시

기도원으로 기어들어가. 성령세례 받은 뒤에 다시 시작해. 제가 오늘까지 칼을 갈고 있었습니다……전광훈 이단 삼단……팔단 올라갈 것입니다. 나는 참단입니다. 니들이 이단이지. 오늘 이 자리에 있는 여러분이 제 편이 되어 주십시오. 한국을 성령의 불바다로 만듭시다. 예수한국 복음통일 이루어냅시다."

전광훈은 주님을 믿는 것과 성령세례 간에 시간차를 크게 두고 있다. 많은 목회자들과 성도들이 아직 성령세례 받지 않은 분들이라고 보고 말하고 있는 것이다. 그리고 성령세례 받은 자만이 살아 있는 목회자나 성도라고 보고 있는 것이다. 성령세례를 받지 못한 목회자나 성도는 책도 쓰지 말아야 하고, 그들은 죽은 사역을 하는 것이라고 말한다. 심지어 성령세례를 반대하는 자들을 향해 회개하라 말하고, 그런 자들을 향해 '이단'이라고 역으로 정죄한다.

하지만 옛 정통신학에 있어서 성령세례라는 말은 낯선 용어이고, 근대에 와서도 성령세례라는 용어를 쓸 때에는 그 용례가 '예수 그리스도를 주님으로 믿고 거듭나는 것', 즉 '회심'(conversion)과 '중생'(regeneration)의 관점에서 사용되는 것이다. 그러나 전광훈은 성령세례라는 용어의 개념을 다른 어떤 성령의 일하심과는 다른 특별한 것으로 지칭한다. 그러므로 합신 교단의 이단사이비대책위원장 김성한 목사는 전광훈이 주장하는 성령세례와 방언, 입신 등은 모두 웨스트민스터 신앙고백서의 가르침에 위배되는 것이라 규정한바 있다.[12]

한편, 전광훈은 오늘날 성경을 배우거나 신학을 배워도 성령세례를 받지 않으면 아무 것도 아닌 것이라 주장한다. 그 가운데서 오순절 성령 받는 방법, 성령세례를 받는 법을 가르쳐 준다고 한다.[13] 요엘의 예언의 약속이 한 번만 아니라(행 2:16-21) 마지막 날까지 계속해서 이루어질 것이라고 주장하는 것이다. 뿐만 아니라 이 약속은 모든 사람에게 열려 있다고 주장한다. 그에 따르면, 구원은 쉽게 오지만, 성령세례가 임하려면 오랜 세월이 걸린다고 한다. 사실 감리교회의 창시자인 존 웨슬레(John

---

12 종교와 진리, 김성한, "전광훈 목사와 웨스트민스터 신앙고백서, 승인 2019. 4. 28. 17:19. http://www.churchheresy.com/news/articleView. html?idxno=531

13 한기총 성령 심포지움(2019. 3. 13), https://www.youtube.com/watch?v=M3eyaXfg1cA

Wesley, 1705-1791)는 성령세례를 받고서 비로소 변화를 받았다고 말한바 있다. 또한 그는 성령세례는 계속되는 것이라고 주장했다. 그는 아브라함 카이퍼가 설명하는 바 신약교회의 오순절 사건이 단회적 사건이라고 말하는 것을 비판하고 거부한 것이다. 전광훈은 예수님이 말씀하기를 '너희는 물로 세례를 받았으나 나는 새로운 성령으로 세례, 불의 세례를 준다.' 했다고 말한다. 또한 전광훈은 성령으로 거듭나는 것과 성령의 세례를 받는 것은 전혀 다르고, 성령의 충만과 성령의 세례 또한 전혀 다르다고 한다. 모든 다른 성령의 무엇들과 성령의 세례는 다르다는 것이다. 그에 따르면, '성령세례'라는 용어를 쓰지 않게 하는 것은 사탄의 역사라고 한다. 다른 사람들은 '성령의 충만'이라는 말로 대신하라고 권장하는데, 자신은 성령의 세례라고 말하기를 굽히지 않고 계속할 것이라고 주장한다. 그는 행 18:24-19:7을 언급하면서, 6절에 기록한 "바울이 그들에게 안수하매 성령이 그들에게 임하시므로 방언도 하고 예언도 하니"라는 말씀을 두고, 성령세례를 다 받기를 바라는 것이라고 주장한다. 심지어 목회자가 "1년에 세례교인 12명 못 만들면 그 사람 시체"라고 말한다. 그래서 1년에 세례교인 1명 만들까말까 한 한기총 임원들에 대해 시체와 같은 자들이라고 말한 것이다. 그러므로 성령세례를 부인하는 목사와 신학교수를 기도원으로 보내야 한다고 한기총 이름으로 성명서를 만들려고 한다고 말하기도 했다. 그리하여 한국을 성령의 불바다로 만들고 예수한국 복음통일을 만들어 보자고 말한다. 또한 사도행전 8장에 고넬료 사건을 말하면서 하늘이 열리고 성령이 임했다고 말한다. 이와 관련하여 전광훈은 마틴 로이드존스(David Martyn Lloyd-Jones, 1899-1981)의 '성령세례'라는 책을 추천했다. 아울러 세례 요한의 세례와는 달리 예수님의 세례는 성령세례라고 주장하기도 했다.

하지만 루이스 벌코프는 성령님의 일반적인 사역은 자연세계에서, 그리고 성령님의 특별사역은 예수 그리스도의 구속사역을 인간의 마음과 삶에 적용하는 사역으로 본다.[14] 멜랑흐톤(Philipp Melanchthon, 1497-1560)도 성령님을 예수 그리스도의 구속을 신자에게 적용하여 구원해 가는 분으로 설명한다. 멜랑흐톤에게 있어서 재세

---

14 루이스 벌코프, 벌코프의 조직신학 개론, 199.

례파나 성령주의자(즉, 불건전한 신비주의자)들이 성령의 입신 내지는 주관적인 체험을 추구하고, 그로 인해 삶이 무질서하게 되고 혼란이 야기되었기에 성령과 하나님의 말씀(외적인 말씀도 포함하여)을 함께 결부시켜서 설명했다는 점을 잊지 말아야 한다.[15] 칼뱅(Jean Calvin, 1509-1564)도 성령에 대한 믿음은, "하나님의 긍휼의 열매와 예수 그리스도에 의해 얻어진 은혜의 열매와 예수 그리스도에 의해 얻어진 은혜의 열매가 우리에게 확인되는 것"이라고 설명했다.[16] 칼뱅에 따르면, 우리 영혼의 조명, 우리의 중생, 모든 은사의 전달, 그리고 예수 그리스도에게서 오는 모든 축복의 효력을 성령 안에서 발견한다.[17] 개혁파 신학과 종교개혁자들에게서 성령 하나님은 하나님의 긍휼과 예수 그리스도의 구속을 통해 성도를 구원하는 분이시다. 그들에게는 전광훈의 주장인 성령세례의 자리는 전혀 찾아볼 수가 없다. 스프라울(Robert Charles Sproul, 1939-2017) 목사의 사도행전의 전체적

---

15 김진국, 필립 멜랑흐톤의 성령론, 종교개혁과 성령, 고신대학교 개혁주의학술원, 129.

16 칼뱅, 기독교 강요, 박건택 옮김, 크리스천 르네상스 2017, 258.

17 칼뱅, 기독교 강요, 박건택 옮김, 크리스천 르네상스 2017, 259.

인 구조와 전개방식은, 행 1:8에 말씀하신대로 사도적 교회가 유대인들로부터 시작하여 모든 민족에 이르는 과정을 추적한 것이다.[18] 그래서 하나님은 이 과정에서 성령을 부어주심으로써 신약교회의 구성원들로 받아들여서 모든 특권을 누리게 하셨다고 한다. 스프라울에 따르면, 오순절주의(Pentecostalism) 신학의 문제점은 오순절(Πεντηκοστή, Pentecost)의 의미를 너무 낮게 평가하여, 모든 사람에게 임하는 오순절의 성령을(고전 12:13) 특정 사람으로만 제한함에 있다. 그에 따르면, 성경은 성령세례 받은 신자와 성령세례 받지 않은 신자를 구분하지 않는다고 한다. 스프라울은 회심과 성령세례는 더불어 이루어지나, 신자라면 누구나 성령세례를 받는다는 것이 성경의 원리임을 말하고 있다. 이로 보아도 전광훈과 같이 성령세례를 성령의 다른 사역과 분리하는 것은 전혀 올바른 이해가 아님을 알 수가 있다. 또한 전광훈은 사도행전을 오해하여 전형적인 은사주의와 오순절주의적으로 해석하고 있으며, 참으로 위험한 점은 성령세례를 마치 신사도운동(The New Apostolic Reformation)과 같이 이

---

18 R.C. 스프라울, 모든 사람을 위한 신학, 생명의 말씀사, 226.

해하고 있다는 점이다. 그는 기존에 성령세례를 받지 못한 자들이 많다고 하면서, 그러한 자들은 형편없는 자들이라고 평가한다. 여기에 더하여 그는 성령세례학교(성령심포지움)라는 것을 통해서 성령세례를 받는 방법을 가르쳐 주겠다고 한다. 이는 성령세례가 전광훈이 집회하는 것으로부터 주어지는 것처럼 주장을 하는 것이니, 이것이야말로 심각한 것이다.

정통신학에 있어서 세례요한과 예수님의 차이는, 구약과 신약의 차이일 뿐이다. 세례요한은 구약의 마지막 선지자로서 예수님 오시기 전에 예수님을 알리는 자였고, 예수님은 이제 신약시대가 열렸음을 알리신 분이셨다. 그러므로 세례요한은 구약에서 신약으로 연결하는 인물이다. 그러한 성경이해의 틀에서 세례 요한의 세례와 예수님의 세례도 구약과 신약의 차이로서 구별될 뿐이다. 요한은 물로 세례를 줄 수 있었으나 그리스도는 죄를 없애기 위해 "성령으로 세례"를 주는 분이신 것이다. 그러므로 세례 요한은 예수님께서 인간에게 성령의 세례를 주시는 것이 주 예수님의 특별한 임무[사역]라고 말했던 것이다. 그 형식에 있어서는 세례 요한의 세례와 예수님의 세례가 다르다. 즉, 그리스도를 믿는 자들에게는 성령의 역사로 말미암아 마음이 변화되고 새로워지는 역사가 일어날 것이라는 의미에서는 분명 같은 것이다. 하지만 세례요한의 세례와 예수님의 세례가 형식에 있어서의 차이점에도 불구하고 그 본질에 있어서는 동일하다는 사실과 관련한 전광훈의 큰 오류이자 심각한 잘못은, 집회에서 성령세례(불)를 못 받는 자는 열등한 신앙을 가진 자라고 계속해서 주장하면서, 자신의 집회에서 예수님의 불(성령)세례를 줄 것이라고 주장한다는 점이다. 전광훈이 자신이 말하는 어떠한 것을 조건으로 성령을 줄 수 있는 능력을 가지고 있다고 주장하는 것은 마술사 시몬(행 8:9)이 생각한 것과 같은 발상인 것이다.

전광훈은 '성령세례학교'(소위 성령 심포지엄)를 통해 성령세례를 받으라는 주장을 함으로, 초대교회에 있었던 몬타누스파(Montanism) 이단과 유사한 주장을 한다. 몬타누스는 보혜사 성령이 자기를 통해 새로운 계시를 주신다고 주장했다.[19] 몬타누스는 알아들을 수 없는 방언

---

19 허순길, 어둠 후에 빛, 셈페르 레포르만다, 74.

(tongues)을 하고 이따금 무아의 경지에 들어가기도 하며, 의식을 잃기도 했다. 이렇게 함으로써 그는 새로운 계시 운동을 시작하기도 했다. 그리고 몬타누스는 자신이 새 계시를 받아 전하는 선지자라고 주장하며 나타났다. 이와 유사하게 전광훈은 자신이 선지자로서 말하고 있다는 자의식을 가지고 있음을 주장했던 것을 여러 자료들에서 확인할 수가 있다.[20]

(4) 전광훈 목사의 계시론

예장 합신 교단의 이대위원장 김성한 목사는 종교와 진리에서 "전광훈 목사의 계시론에 심각한 이단성 있다!"는 글을 쓴바 있다.[21] 2019년 6월 18일에 곤지암 실촌 수양관에서의 전광훈의 집회영상을 보고서 김성한 목사는 다음과 같이 요약했다. "전광훈 목사의 주장에 의하면, '성경은 하늘을 보고 온 사람이 쓴 것이며, 하늘을 보

---

20 전광훈, 옥중서신, 하임 2020, 137. "선지자의 말을 들어야 합니다. '분투하라, 싸워라, 이겨라! 다시 한 번 이승만을 붙잡고 이깁시다!'"; 140. "저는 선지자로서 모든 것을 선포했습니다. 이제 국민들의 몫입니다."

21 종교와 진리, 김성한, 전광훈 목사의 계시론에 심각한 이단성 있다!, 승인 2019. 08.09.

고 온 사람만 성경을 해석할 수 있다고 하며, 자기는 두 번이나 하늘을 보고 왔다고 주장한다'"는 것이다.[22] 계속해서 김성한 목사는 "이것은 '하나님의 계시'와 '성경의 영감교리'를 부정하는 이단설이며, 자기를 우상화하는 참람한 주장"이라고 했다.[23]

전광훈은 2019년 6월에 곤지암 실촌 수양관에서 개최한 목회자 집회[24]를 위해, 2019년 6월 4일 국민일보 40면에 전면광고를 게재하여 성경세미나를 알리는 도표를 첨부한바 있다. 그 표와 집회 강의 내용을 살펴보면, 전광훈 목사는 그 집회가 '구약과 신약을 연결하여 관통하는 성경해석'이라고 설명했다. 그리고 그러한 집회의 제목을 "성경의 원리를 알자(창 1:1-31)"라는 제목으로 선정했다. 성경의 주제는 '예수 그리스도'라고 하면서 '오직 성령의 통로'로 '하늘의 설계도대로 이 땅에 끌어내리려

---

22 종교와 진리, 김성한, 전광훈 목사의 계시론에 심각한 이단성 있다!, 승인 2019. 08.09.

23 종교와 진리, 김성한, 전광훈 목사의 계시론에 심각한 이단성 있다!, 승인 2019. 08.09.   http://www.churchheresy.com/news/articleView.html?idx-no=572

24 https://www.youtube.com/watch?v=bqS3dMEzmJE

한다.'고 게재되어 있다. 그 도표에 있어서 핵심은 '오직 성령의 통로'이며, 고전 2:14을 인용하면서 성령에 강조점을 둔다. 여기서 모세가 시내산에 올라가 본 것과 바울이 셋째 하늘을 경험한 것에서 바울서신 13권이 나온 것이라고 주장한다. 바울이 셋째 하늘을 보고 와서 바울서신을 쓴 것처럼 말하는 것이다. 다음은 그러한 주장들의 일부 인용이다.

"모세가 하늘의 식양을 보았다……그것을 보고 내려와서 모세오경……과 성막을 지었다. 모세가 쓴 이 두 가지 성막과 성막에 대한 집을 지었다. 모세오경을 알 사람이 없는 것이야, 신약 시대의 사도바울이 이것을 어떻게 알았는가? 셋째하늘(고후 12:1), 사도바울도 땅에서 안 것이 아니라 셋째 하늘에 올라가서 모세를 보았던 것을 보고 내려온 것이다. 그리고 한 일이 바울서신 13권과 교회를 짓는 것이다. 여기까지 알아야 성경을 이해할 수 있는 기본터전에 들어가는 것이다……전체 중심주제는 그리스도이다. 아브라함도 살렘성을 보았고……다윗도 하늘의 예루살렘을 보았다. 모세가 설명하는 것을 못 알아 들어서 안수기도를 했더니 성령이 그의 속에 들어가니 모세가 본 것을 설명했더니 공명이 일어났다……하늘의 설계도를 땅으로 내리는 것이 목회라고 한다. 요한이 본 하늘의 설계도를 완성계시라고 하는데, 가장 확실하게 안 사람이 사도 요한이다. 그 이름을 새 예루살렘이라고 했다."[25]

"새 예루살렘이 구약의 12지파, 신약의 12제자로 그려져 있다······하늘의 설계도가 그려진 대로 이 땅에서 이루어진다······하늘의 설계도에 여러분과 저의 이름이 있다. 성경은 모세가 썼고 바울이 해석했다. 신학교에서도 부분적인 것 밖에 모른다. 이것을 하나님이 대한민국 청교도에게 열려주신 것이다. 이것은 성경이 기록되고 나서 처음이다."[26]

"하늘의 설계도를 이 땅에 내리는 끌어내리는 것이 천지창조다. 일곱 가지 복음의 원리이다······하늘의 설계도는 그리스도인데 각 시대마다 끌어내렸다······하늘의 이승만도 하늘의 예루살렘을 이 땅에 내리려고 했다."[27]

---

25 https://www.youtube.com/watch?v=bqS3dMEzmJE
26 https://www.youtube.com/watch?v=bqS3dMEzmJE
27 앞서 말한 창세기 1장 창조로 나타난 그리스도를 설명한다.

이러한 주장들은 성령주의자들처럼 셋째 하늘에 대한 신비주의적인 체험을 그리는 방식이다. 그러므로 자신도 셋째 하늘에서 영적인 체험을 하고 하나님께 어떤 계시적인 내용을 받는 것처럼 묘사한다(범투본 집회). 전광훈은 마치 계속되는 계시가 있음을 암시하는 것처럼 자주 주장하곤 한다. 그의 책「옥중서신」에 보면, 애국운동을 말하면서 그렇게 말했다.

"오히려 주님의 분노가 내게 임하여 저를 통하여 표현되는 것임을 거듭 확인하였습니다……모세가 시내산 정상에서 보는 것과……그래서 저도 모세처럼 시내산 정상에서 이 시대를 바로 보기 위해 쉬지 않고 기도하고, 성경으로 묵상하고 있습니다."[28], "저는 자칭 타칭 선지자입니다. 그리고 기도하는 사람입니다. 감옥에 와서 기도가 더 깊어졌습니다. 선지자는 앞으로 될 일을 먼저 본다는 것입니다. 박근혜 대통령의 메시지로 인하여……", "……예수 한국 복음 통일은 반드시 이루어 진다. 이것은 작년에 아빠가 셋째 하늘에 가서 분명히 보았기 때문이다……반드시 문재인을 끌어내고 주사파를 척결하고 자유

---

28 전광훈, 옥중서신, 하임 2020, 70.

통일을 이루어 내도록 해라. 주님과 대한민국 지도자들이 한나를 도와줄 것이야."[29] "……많은 신학자들과 원로 어르신들이 말하기를 성경 기록이 마쳐진 후 가장 성경의 본질을 관통한 사건이라고 말씀하십니다."[30] "……구약의 대표인 모세도 신약의 대표인 바울도 하늘의 상을 바라고 이 세상을 다 이겨왔으므로 여러분들도 하늘의 상인 새 예루살렘을 공유하십시오." "……제가 오래 전에 '성경을 알자'라는 주제로 우리교회에서 가르친 내용의 동영상이 유투브에 올라가 있습니다. 꼭 잘 들으시고 공유해 주시기를 부탁드립니다. 이것을 들으시면 성경의 구조와 내용이 뻥 뚫릴 것입니다." "……한국에 나타난 주사파는 사탄이 옷을 입고 나타난 사탄의 몸인 것입니다."[31] "……한국의 30만 목회자들이 현 사회에 대해 문재인의 편에 서는 것을 보면 과연 저들 속에 예수가 있는가? 하는 의문이 들지 않을 수 없습니다."[32] "……이제 모든 국민들은 자신도 모르게 세뇌된 전교조와 주사파로부터 나와 사회주의의 악령을 물리치고 대한민국을 바로 세워야 합니다……그리고 대한민국을 위해 5천만 모

---

29 전광훈, 옥중서신, 하임 2020, 181.

30 전광훈, 옥중서신, 하임 2020, 182.

31 전광훈, 옥중서신, 하임 2020, 227.

32 전광훈, 옥중서신, 하임 2020, 236.

든 국민들에게 서명운동을 다시 진행하겠습니다. 저는 자칭 선지자로서 앞으로 될 일을 먼저 보기 때문에 저의 사명을 다하고자 합니다."[33]

이러한 전광훈의 주장들은, 모세와 바울 등이 하늘에서 [계시를] 받은 것처럼 자신도 하늘에서 [계시를] 받는 것과 같이 주장하는 연속되는 계시를 주장하는 표현을 담고 있는 것으로 보인다. 그런즉 전광훈의 계시론이 상당히 위험한 것이다. 전광훈은 성경을 통일적으로 보는 것이 아니라 자신의 견해를 주장하기 위해서 성경이 영감되어 인간저자들에 의해 기록된 것을 경시하고, 오히려 하늘을 보고 온 자(모세, 바울)들이 하늘에서 받은 것이라 말하며, 성경을 시대별로 나누어서 서열화 함으로써 자신의 주장을 위하여 성경의 통일성을 파괴하기까지 한다.

이러한 면들에 있어서 전광훈은 자신을 따르는 사람들에게 계시적 차원으로서 애국운동의 선지자라는 암시를 계속 주고 있다. 앞에서 언급하였듯이 전광훈은 자신

---

33 전광훈, 옥중서신, 하임 2020, 241.

을 따라야 하며, 성령세례를 받은 자만이 참된 기독교인이라고 하여 소위 성령세례를 받지 않은 자에게는 군림하고, 성령세례를 받은 자에게 지나친 의미와 특권을 부여하여 자신들 만의 특별한 공동체로 만들고자 한다. 앞에 있는 인도자의 계시론과 선지자적 통찰을 따라야만 성령의 사람이 되므로, 이 단체에 속한 사람들은 자연스럽게 전광훈의 길을 따라가는 것이다. 그리하여 전광훈을 따라서 사회와 정부, 집권자들과 충돌하는 모습을 보이고 있다. 그리고 이러한 모습은 과거 재세례파(Anabaptism)들이 보였던 모습으로서, 결국에는 사회 혼란과 무질서로 이어질 것이 자명하다.

2) 전광훈이 변승우를 이단에서 해제하고 한기총에 영입한 일

우선, "8개 교단 이단대책위원장 협의회가 한국 교회에 드리는 글"에서 전광훈이 이단옹호자임이 드러난다.

2019년 한기총(대표회장 전광훈)은 4월 2일 임시총회에서 한국 주요 교단들로부터 '이단'으로 규정된 변승우가[34] 속한 대한예수교장로회 부흥총회(총회장 양병일)을 영입해서, 8개교단 이단대책위원장 협의회는 4월 4일 모임에서 이단 영입의 책임을 물어 한기총(대표회장 전광훈)의 이단 옹호에 문제를 살펴보고, 변승우에 대해서 다시 한번 이단임을 확고히 하였고 이에 대해 강력히 대처할 것임을 밝혔다.[35] 2019년 4월 4일 8개교단 이단대책위원장 협의회는 "한기총 이라는 단체가 아닌 전광훈 목사 개인에 한해 이단옹호자로 각 교단에 결의해줄 것"[36]을 요청했다.

이와 관련하여 좋은 신문 지용길 기자가 쓴 "한기총 전

34 https://www.kidok.com/news/articleView.html?idx-no=202640&page=3&total=183 "한기총의 변승우 이단해제 결정 직후 강력 대처를 천명했던 8개교단이단대책위원장협의회가 이날 전광훈 목사를 이단 옹호자로 규정하고, 예장합동 예장통합 예장고신 예장합신 예장백석대신 기감 기성 기침 등 8개 교단에 전광훈 목사를 이단 옹호자로 결의해줄 것을 요청한 것이다." 2020년 3월 12일 접속 출처 : 기독신문(http://www.kidok.com)

35 http://www.hdjongkyo.co.kr/news/view.html?section=22&cate-gory=1004&item=&no=16523,(현대종교 홈페이지 이단뉴스 2019. 5.17. 입력).

36 http://www.woolrimstory.net/news/articleView.htm-l?idxno=769; http://www.hdjk.co.kr/news/view.html?s-key=%C3%B5%B1%E2%C3%D1&x=0&y=0&section=22&catego-ry=1005&no=16525, (현대종교 홈페이지 이단뉴스, 2019. 5. 8. 입력)

광훈 대표회장의 이단성에 관한 조사의 건"의 기사에서, 합동측 104회 총회에 헌의된 전광훈의 이단성 조사의 건을 보고 평양제일노회 임시노회에서는 세 강의들을 요약해서 규정했다.[37] 전광훈은 2005년경 대구 서현교회에서의 세미나를 통해서 "예수님은 겟세마네 동산에서 자기의 뜻을 내세우며 하나님 앞에서 구속사명을 두 번이나 거부하려고 했다"고 주장했다. 또한 둘째로, 그는 "성령님이 1년에 50km씩 이동한다면서 지금은 성령님께서 중국내륙지대를 통과하고 있습니다."라고 신비주의적인 성령론을 전개했다. 셋째로, 강의를 듣는 목사들을 향해 "내 강의 앞에 여러분의 이론과 신학은 없어져야 성령을 받습니다. 이것은 성경에도 없어요!"라는 극단적인 주장을 했다.

통합 총회에서의 이단 사이비 큰 믿음교회 변승우에 대한 연구보고서(2009)의 내용의 요지를 살펴보면 다음과 같다.[38]

---

37 http://좋은신문.com/news/view.php?no=368, , https://www.kidok. com/news/articleView.html?idxno=203194.

38 대한예수교장로회총회 이단,사이비대책위원회, 종합 이단, 사이비 연구보고집,

먼저 변승우는 소위 '신사도 운동'의 영향을 받은 자로 직통계시(Direct revelation)를 강조한다.[39] 천국과 지옥을 경험하는 입신, 예언과 방언 등 신비적인 사상을 강조하고 심지어 이를 훈련시키는 학교까지 운영하고 있다. 그에게 다음과 같은 문제점이 있다. 그는 교회론의 문제점이 있는데, 기성교회를 비판하고 그 반사적 이득을 자신의 교회에서 챙긴다. 그러면서 동시에 존 웨슬리나 조나단 에드워드 같은 부흥을 이끈 지도자와 자신과 동일선 상에 놓는다. 또한 그의 문제점은 계시론과 성경론이다. 성령이 직접 그에게 어떤 명령을 한다고 말한다. 그의 이러한 직접적 계시성은 기성교회에 대한 강한 비판과 자기교회를 특수화하는 효과가 있다. 그렇게 자신이 받은 계시를 성경과 동일시하거나 성경의 권위 위에 둔다. 이런 변승우의 성경관과 계시관은 하나님의 계시가 현재 중단되었다는 통합 교단 헌법이나 웨스트민스터 신앙고백 1장과도 충돌되고, 성경(딤후 3:15-17, 갈 1:8-9)

한국장로교출판사 2011, 307-313.

39 종교와 진리, 김성한 목사, "전광훈 목사와 웨스트민스터 신앙고백서, 승인 2019. 4. 28. 17:19. 합신 이대위 김성한 목사는 변승우는 지금도 직통계시를 주장하고, 성경의 권위를 훼손시켜 잘못된 성경론과 계시론을 가진 비성경적 기독교 이단이라고 한다.

과도 배치되고, 하나님의 말씀인 성경의 권위를 훼손시킨다고 보았다. 변승우는 하나님의 은혜로 구원받는 것이 아니라 행위로 구원받는다고 말한다. 또한 그는 신비주의적인 사역을 하는데, 입신, 미래에 대한 예언, 방언, 쓰러지는 현상 등을 목회에서 사용하고 있다. 그리하여 통합측에서 2009년에 이단으로 정죄되었고(구원론, 입신, 예언, 방언 등 극단적인 신비주의 신앙 형태 등), 합신 교단에서도 이단성이 있어 참여 및 교류금지(구원론, 직통계시, 기성교회 비판), 합동 교단은 집회참석금지(알미니안주의 혹은 신율법주의), 고신 교단은 참여금지(구원관, 계시관, 신사도적 운동추구, 다림줄, 신학 및 교리 경시, 한국교회를 폄하하는 발언)를 선언했다.

변승우의 이러한 각 교단들의 이단, 집회참석금지, 이단성 등의 판단과 선언의 이유가 되는 계시관, 신비주의 신앙형태, 성경관, 한국교회와 목회자 폄하는 전광훈에게서도 매우 유사하게 찾아볼 수 있다. 그래서 전광훈이 변승우의 이단과 이단성 및 집회참석 금지를 해제하고 한기총에 영입하였던 것 같다. 앞서 우리들은 전광훈의 신학에서 참으로 위험스러운 것으로 규명할 수 있었던 양태론적 단일신론(Modalistic Monarchianism)에서부터, 지나친 성령사역의 강조를 살펴보았다. 그런데 성령을 경험하는 것을 강조하는 그러한 양상은 결국 전광훈이 성령학교를 통해서 성령을 줄 수 있음을 강조하기 위한 것이었다. 그리하여 결국 전광훈 자신의 위치와 입지를 강화하려는 것이다. 여기에 더하여 계시론과 성경론에 있어서 성경의 통일성을 파괴해 버리고, 아직도 자신에게서 직접적인 계시의 내용이 나오는 것 같은 '암시'를 주고 있다.[40] 그리하여 변승우처럼, 전광훈은 자신의 강력한 권위를 얻게 되고, 또한 자신이 선지자로서의 역할을 한다고 주장한다. 이런 측면이 가장 두드러지게 나타나는 것이 바로 정치적인 측면에서 자신이 한국의 선지자로서 역할을 수행하고 있다고 하는 주장이다.

---

40 종교와 진리, 김성한 목사, "전광훈 목사와 웨스트민스터 신앙고백서", "나도 입신을 해서 기상천외한 것을 보았다……이승만의 건국을 보았다. 그것은 복음의 의미였다.", 전광훈, 옥중서신, 하임, 181, "예수 한국 복음 통일은 반드시 이루어진다. 이것은 작년에 아빠가 셋째 하늘에 가서 분명히 보았기 때문이다……반드시 문재인을 끌어내고 주사파를 척결하고 자유통일을 이루어 내도록 해라. 주님과 대한민국 지도자들이 한나를 도와줄 것이야."

3. 전광훈이 여러 집회에서 물의를 빚은 발언과 행동들

1) 전광훈이 한국 교계에 물의를 일으키는 망언과 정치적 행동

(1) 대통령 하야 운동에 대해서

전광훈은 문재인 하야 범투본을 조직하여 대통령을 향해 반대운동을 하고 있다. 그러나 목회자가 대통령을 향해 반대운동을 펼치는 것은 교회역사 속에서 허용되지 않는 행실이다. 목회자는 정치인이 아니다. 예수 그리스도와 사도들과 선지자들이 통치자에 대해서 정치적 반대를 한 경우는 전혀 없었다. 단지 하나님의 말씀에 따른 윤리나 진리에 반하는 것에 대해서 말씀으로 권면하기는 했지만 말이다. 이런 성경과 교회역사의 전례에 따라 전광훈의 범투본 활동은 중지되어야 한다. 그가 광화문 광장에서 연 범투본 모임에서 하는 발언들은 지극히 신비주의적인 성령주의자로서의 발언들이고, 재세례파적인 열광주의의 행태를 보이고 있기에 기독교계 전체의 신뢰를 깨뜨리고, 사회 전체에도 막대한 해악을 끼치는 것이다. 그러므로 김성한 목사는 웨스트민스터 신앙고백서 23장을 들어 위정자나 정부에 존중하고 합법적인 명령에 순종할 것과는 반대로 전광훈 목사는 크게 벗어난 행동들을 하고 있어서 이단적임을 지적했다.[41]

이처럼 심각한 행동들로 인해 지난 2020년에 8개 주요 교단들의 이대위원장들이 한국교회에 드리는 글의 형식으로 이를 비판적으로 알린바 있는데, 그 내용이 2020년 2월 24일자 뉴스파워 기사와 2020년 2월 16일 최장일 주필이 쓴 글과 자료들에 소개된바 있다. 그러한 내용을 조금 구체적으로 살펴보면, "전광훈 목사가 애국운동을 빌미로 하여 여러 집회에서 발언한 것들이 한국교회와 성도들에게 신앙적으로 큰 피해를 주고 있다고 판단하며, 우려를 금치 못한다"는 글을 시작으로, "① 하나님 나한테 까불면 죽어"라는 참으로 신성모독적인 말과 더불어서, 그러한 발언의 동기가 "성령 충만으로 인

---

[41] 종교와 진리, 김성한 목사, "전광훈 목사와 웨스트민스터 신앙고백서, 승인 2019. 4. 28. 17:19.

한 것 이라는 변명은 참으로 반성경적이며, 비신앙적이며, 비신학적인 것이다. ② 위와 같은 일련의 발언들이 [전체] 교회와 성도들에게 큰 혼란과 피해를 주고 있다. 전광훈은 비성경적 발언을 하지 말아야 한다. ③ 전광훈의 이러한 언행으로 인하여 한국 교회의 신뢰와 전도에 부정적인 영향을 주고 있다. ④ 한국 교회의 목회자들과 성도들은 전광훈으로부터 신앙적으로 나쁜 영향을 받지 않도록 주의하기 바란다."[42]고 기록되어, 8개 교단 이단사이비대책위원장협의회의 이름으로 지난 2020년 2월 13일에 발표되었다. 그리고 기독교대한 감리회, 기독교대한성결교, 기독교대한침례회, 대한예수교장로회 통합, 백석, 고신, 합신, 합동 이대위원장들의 서명을 날인하여 이단사이비대책위원장협의회 회장 안용식 목사와 서기 김성한 목사가 발표했었다.

---

42 http://www.newspower.co.kr/sub_read.html?uid=45297, http://www.bonhd.net/news/articleView.html?idxno=7621

(2) 전광훈의 기독교 정당 창설활동에 관해

기독교회의 역사로 볼 때에 올바른 개신교회에서는 목
회자가 나서서 정치의 일에 참여하는 것을 긍정하는 경
우가 없다. 핍박의 시기에 하나님 말씀에 따른 신앙과
생활을 하다가 권력자에게 핍박을 당하고, 그 때에 선지
자적으로 말씀을 전하고, 오히려 성경에 따른 바른 삶을
고수할 뿐이었다(예컨대 신사참배 반대 등). 그러나 전광훈은
'기독당'이라는 정당의 창설을 위해서 폭넓은 활동을 하
고 있는데, 그것은 목회자가 정치의 일에 참여하지 말아
야 한다는 성경과 개신교회의 정통적 가르침과도 상충
되는 행동이다. 그러한 행동과는 오히려 반대로, 개신교
의 목회자는 기독교인 공직자들이(정부부처의 공무원들과 각
정당의 정치인들 및 국회의원들, 법조인 등) 기독교적 정신으로 각
자의 부르신 자리에서(각 정당, 부처, 국회에서) 십계명의 가
르침과 공공선을 위해 봉사할 수 있도록 교회에서 설교
로 가르치고, 말씀으로 지도하는 것이 합당하다. 그러므
로 거두절미하고 전광훈은 기독당 창설에 주도하지 말
아야 한다. 개신교 목회자는 기독교인 정치가들이 성경
의 가르침을 따라 정치활동을 할 수 있도록 교육하고,

권면하는 일로 그 역할을 스스로 제한하여야 한다. 만일
에 기독교인 정치가들이 기독정당을 창립하겠다고 한다
면, 그것은 그들의 권한이기에 얼마든지 창립이 가능할
것이다. 그리고 만일에 정치가들이 목회자에게 혹 조언
을 구한다고 한다면, 도덕법의 기준을 근거로 정치가들
에게 성경적 가르침을 제공해줄 수는 있을 것이다. 하지
만, 목회자들이 주체가 되어 기독당의 창설에 앞장서는
것은 성경과 교회역사에 있어서의 가르침과는 전혀 맞
지 않은 행동인 것이다.

(3) 국정의 각 현안들에 대해 관여하는 발언들을 하는 것에 관하여

전광훈은 전교조를 향한 부적절한 발언으로 인해, 명예
훼손이 적용되어 800만원의 벌금형을 받은바 있다. 그
외에 여러 차례에 걸쳐서 정치현안들에 대해 부당한 정
치적 관여의 발언들을 이어갔다. 그러나 본래 목회자
는 복음을 선포하고, 하나님의 말씀을 설교하고 가르치
는 자이다. 정치 현안에 대해서 성경에서 가르치는 것
이나 반대하는 것을 제외하고, 목회자가 설교 시에 정

부의 정책에 대한 언급을 하고 어떠한 정치적인 주장을 하는 것은 목회자에게 주어진 직무와 권한을 전혀 벗어나는 행실이다.

물론 정치 현안들에 대해서 하나님 말씀이 명하는 대로 평할 수는 있다. 예를 들자면, '포괄적 차별금지법'의 악법성에 대해 도덕법적 관점에서 반대의사를 표명한다든지, 십계명의 가르침으로 인간 생명의 고귀함을 주장한다든지, 가정에 대해서 성경적인 가르침을 말한다든지 할 수가 있는 것이다. 그러나 그럴지라도 그러한 것들은 언제나 하나님 말씀에 근거할 수 있는 사안들만을 말해야만 한다. 목회자가 국정 현안 전반에 대해서 특정한 정치적 진영을 옹호하는 발언을 한다면, 그 반대의 진영에 속한 입장을 가진 성도나 불신자들에게 복음적인 자비와 사랑을 가리는 결과를 야기하게 되고 말 것이다. 그러므로 예수님께서도 세상의 재판장으로 오신 것이 아니었고, 오직 복음과 천국을 전파하는 자로 오셨던 것이다(요 18:36). 목회자가 선지자의 사명으로 선포할(설교) 수 있는 것은 항상 복음에 맞춰져 있어야만 하는 것이다.

이에 따라 전광훈은 국정 현안들에 대해서 지나치게 정치적 발언을 하는 것을 당장이라도 중지해야 마땅하다. 그와 달리 목회자는 하나님 말씀에 따라 복음을 설교하고, 율법의 제3용법[즉, 하나님에 대한 사랑과 이웃에 대한 사랑을 실천하도록 하는 용법]을 토대로 하여 신자들의 마땅히 행할 삶을 논해야 하며, 각각의 신자들이 부르심의 자리에서 성도로서 마땅히 살아가야 할 행실이 무엇인가를 말하고 이를 모범적으로 행함으로 가르쳐야 하는 것이다.

그러나 전광훈은 정부와 서울시에서 집회를 불허하는 시기였음에도, 일방적이고도 불법적으로 집회를 이어갔었다. 그리하여 지난 2020년 2월 24일 선거법위반으로 구속되었다가, 법원의 보석 결정으로 석방된바 있다. 그처럼 범법자인 전광훈은 한국사회에 기독교의 권위와 명예를 심각하게 추락시키고 있는 장본인이다.

(4) 그의 '옥중서신'에 나타난 사상과 행동

전광훈은 구속 수감된 구치소에서 지냈던 기간에 쓴 서신을 가지고서 '옥중서신'이라는 책을 출판했다. 거기서 자신의 애국운동이 나라를 살리는 운동이며, 지금 정치운동을 하는 것이 하나님의 뜻이라고 생각한다면서, 자신을 가리켜서 선지자라고 자칭하기까지 했다.[43] 전광훈은 '현 대통령[문재인]과 주요인물들이 주사파요, 종북과 공산주의로 대한민국을 이끌어서 머지않아 망하게 할 것'이라는 매우 부정적인 입장을 펴고 있다. 그러면서 자신이 아니면 누구도 이 위험을 막을 자가 없다고 생각하고 있다. 심지어 전광훈은 현 정부와 주요 인물들을 주적들로 보고 있고, 이에 대한 반대 운동과 정치선동적인 대중 집회를 계속 이어가고자 한다.

특히 그는 자신의 옥중서신에서도 자기가 신비적인 경험들, 즉 셋째 하늘에 가서 분명한 이상들을 보았다고 말한다.[44] 자신의 성경을 보는 관점이 대단한 관점이라고, 성경 기록이 마쳐진 후에 성경의 본질을 관통한 사건이라고 지극히 위험한 생각[망상]을 하고 있다.[45]

---

43 전광훈, 옥중서신, 하임, 54, 137

44 전광훈, 옥중서신, 하임, 181.

45 전광훈, 옥중서신, 하임, 183.

무엇보다 이 책[그의 옥중서신]에서 그는 자신이 목회자라는 정체성을 잃어버렸으면서도 정치적인 운동들을 하는 것을 가장 중요한 정체성으로 여기며 살 것이라고 주장한다. 그러므로 한국교회의 원로들 가운데 전광훈의 정치적인 모습을 심히 우려하며 반대하는 선언을 2019년 6월 18일에 발표한 바 있다.

(5) 105회 합동총회가 전광훈에 대해 "교류 및 참여 자제"를 결의한 사항

지난 2020년 105회 합동 총회에서는 전광훈에 대해서 "교류 및 참여 자제"를 결의했었다. 그리고 합동 "총회 이단(사이비) 피해대책조사연구위원회(이하 이대위)의 전광훈에 대한 '이단성 조사 보고 내용'과 '총회결의'를"[46] 기독신문에 공지했다. 이대위는 전광훈이 변승우 씨를 이단에서 해제하고 한기총에 가입시킨 것이 이단옹호 행위였음을 지적했다. "변승우 씨는 예장합동과 예장고신이 참여금지, 예장통합과 예성이 이단, 예장합신이 이단

---

46 https://www.kidok.com/news/articleView.html?idxno=210992

성, 예장백석대신이 제명출교, 기감이 예의주시, 기성이 경계집단으로 결의하는 등" 한국교회에서 이미 변승우 씨를 이단으로 정죄하고 있음에도 불구하고 전광훈이 그를 이단목록에서 해제한 것은, 그가 이단 옹호 인물이라는 것을 단적으로 드러낸다. 전광훈의 이단성 있는 말들, 즉 "자기 자신을 성령의 본체라고 발언하기도 했으며, 성경은 모세 5경만이 성경이고 나머지는 해설서라고 하는 등 성령론과 성경관에 있어서 이단성을 보이기도 했다."고[47] 총회에 보고했다. 그리하여 105회 총회에서 전광훈에 대해 "그의 이단성 발언을 더 확실히 회개토록 하고, 목사로서 지나치게 편향된 정치활동을 하지 않도록 엄중히 경고하기로 하다"라고 기록하면서 그가 공개적으로 회개할 때까지, "전광훈과 관련된 모든 집회에 교류 및 참여 자제"를 촉구했다. 그런즉 전광훈과 동석하거나 전광훈과 관련된 집회에 참여하는 것은 그러한 총회의 결의를 위반하는 것이다. 그러므로 합동총회는 전광훈의 이단성에 관한 조사로서 교리적, 신학적 문제들을 연구 및 조사하는 것을 계속하고 있는 중이다.

---

47 https://www.kidok.com/news/articleView.html?idxno=210992

특히 이대위는 "전광훈의 교리적·신학적 문제에 대해서만 연구 및 조사를 진행하겠다"고 강조했었다. 그리하여 이단성조사 결과는 2021년 9월에 열리는 106회기 총회에서 보고되었다.

2) 전광훈이 교단을 분열시키고, 교회정치를 무질서하게 한 행적들

우선 그가 정말 올바른 과정들을 밟아서 목회자가 되었는지부터 의혹이 제시된바 있다. 전광훈이 안양대학교 신학대학원에서 실제로 정규적인 학업을 수학했었는지, 그리고 그의 목사 안수증이 적법하게 발급되었는지에 대해서도 여전한 의혹들이 제기 되고 있다. 그는 예장대신 교단에서 노회활동도, 총회활동도 제대로 해본 적이 없었는데도 불구하고 2013년에 대신교단의 총회장이 될 수 있었는데, 그가 총회장이 되는 과정이 과연 적법했었는지에 대해 다시 점검해볼 필요가 있다. 그는 총회장이 되기 이전의 총회에서 결의된 한시적 규칙에 따라 총회장이 되었었는데, 그러한 한시적 결정이 적법한 것이었는지 다시 한 번 되짚어 봄이 필요한 것이다.

사실 전광훈은 교회적 권한을 총회장과 총회임원들의 독점적인 권한으로 여기고 일들을 진행했었다. 그런즉 전광훈이 대신 교단과 백석교단과의 통합에 관련해서 행한 모든 행위들은 사실 교권주의적인 것들이었다. 한마디로 장로회 정치의 원리에 의하지 않았고, 단계적 교회회의를 거치지 않았으며, 오히려 불법적이고 초법적으로 모든 일들을 추진했었기에 장로교회정치상의 심각한 죄를 범했으며,[48] 그렇게 함으로써 교회회의[노회 및 총회]를 무력화시키고 말았던 것이다. 이것은 그리스도께서 교회의 유일한 왕이 되심을 훼손한 것이고, 그 결과로 그리스도의 몸 된 교회를 분열시키는 돌이킬 수 없는 죄악을 행했던 것이다.

전광훈이 행한 대표적인 분열의 죄는, 대신과 백석의 불법적 교단통합 가운데서 자행되었다. 그는 2014년 9월 17일 대신교단과 백석교단의 통합 결의에 앞장섰었다. 2014년 49회 대신 총회가 결의사항 4가지를 통합전권위원회가 추진하도록 9월 17일 결의했는데도 불구하

---

48 기독교 헤럴드 주간 제371호 2017년 6월 24일, 양진우/박지현 기자.

고, 전광훈을 비롯하여 총회임원이 그것을 준수하지 않고 통합전권위원회를 배제하고서 독단적으로 총회를 진행했던 것은 명백히 총회의 결의를 무시하고 장로정치를 훼손한 것이다. 2014년 9월 18일에 전광훈은 총회원들에게 장종현 총회장이 백석 측에서 받은 3가지 사항들을 서명한 문서를 팩스로 건네받았다고 주장했다. 그러나 그것을 실제로 확인한 사람은 전광훈 본인 외에 아무도 없었다. 그리고는 그 해 9월 19일 예장 대신(통합 찬성측)과 백석이 각각 11월말 통합 총회를 하기로 결의했고, 9월 23일 전광훈 전 대신 총회장이 백석 총회에 방문하여 환대를 받고 통합하기로 했다. 그 후 2015년 9월 14일에 대신·백석 통합총회를 개최했는데, 동일 동시에 예장 대신(수호)측은 제50회 총회를 따로 개최했다. 그 이유는 대신(통합 찬성)측은 정족수도 채우지 못했고, 총대참여인원도 충족하지 못했는데도 백석측과 통합 총회를 열었던 것이기 때문이었다. 바로 그러한 불법적 통합에 반대하여 대신교단의 정통성을 지켜 나가고자 대신(수호) 총회를 열었던 것이다. 그 과정에서 대신(수호)측은 본래 법적분쟁을 하려는 의도는 없었으나, 대신(통합)측이 법적으로 분쟁을 걸어오는 바람에 대신/백석의 총회결의 무효확인의 소를 제기할 수 밖에 없었고, 2017년 6월 16일 판결 선고에서는 대신(수호)측이 승소한바 있다.

한편, 원래의 대신교단 신학선언을 보면, '교권'에 대해 다음과 같이 정의한다. "교권이란 어떤 특정한 교회계급의 독점물이 아니라 그리스도께서 교회 전체에 부여하신 위탁권을 의미한다." 그러므로 그리스도께서 교회전체에 부여하신 위탁권으로서 교권이 수행되려면, 단계적 교회회의[노회, 총회 등]를 원칙적으로 통과하여 진행해야 한다. 사도행전 15장을 보면, 총회에서 결정된 것을 바울과 바나바가 지역교회에 전달했다. 이 때 전달할 책임을 맡은 자는 전달사항을 가감해서는 안 되었다. 그러나 전광훈과 당시 임원들은 이러한 점에서 총회가 부여해주지도 않은 것을 자의적으로, 그리고 거짓으로 독점하여 전체 교단을 계급적 독점물로 인식하고 불법으로 통합을 진행했었던 것이다. 이에 따라 대신총회수호위원회 집회를 통하여 통합관련 사항들에 성명서를 비롯한 다양한 권고를 받았음에도, 전광훈은 오히려 수호위원회가 왜곡된 이해를 가지고 있다고 주장하며, 권고들을 전혀 듣지 않고 도리어 맹렬히 비난했다. 그러므로 대신총회수호위원회는 전광훈과 임원들이 파행을 일삼았기에 비상총회의 역활을 수행할 수밖에 없었는데, 그렇게 해서 대신총회(수호)가 별도로 진행되었던 것이다.

그러한 일련의 과정 가운데서 전광훈은 대신(수호)총회 서울 동노회에서 제명을 당했고,[49] 이후로 백석대신 총회에서도 2019년 8월 30일에 면직 및 제명을 당했기에, 엄밀히 말하자면 그는 지금 정식적인 목사 직분을 득하지 못한 상태다. 그러고도 지금은 '대신복원총회'라는 교단을 설립하여 그 교단 소속의 목사 행세를 하고 있다. 그러나 전광훈의 그러한 불법적인 교단통합 추진으로 인해, 결과적으로 2개의 교단(대신, 백석)이 4개 이상의 교단들로 심각하게 분열하여버리고 말았던 것이다.

---

[49] 교회법(정치, 권징) 및 시행세칙 편람, 대한예수교장로회총회 법규위원회, 77.

나가며

전광훈의 성경과 신학에 대한 이해는 한마디로 비성경적이고 비정통적이다. 그에게서 이단성 있는 계시론과 성경론(성경의 권위와 영감 훼손)을 찾아볼 수 있으며, 몬타누스파와 같은 극단적 성령주의자로서 모습도 보이고, "성령세례"를 지나치게 절대화하고 그에 따라 신자들을 서열화 한 것을 볼 수가 있다. 뿐만 아니라 전광훈은 이단으로 정죄되고 참여와 교류가 금지된 변승우를 이단에서 해제하고 한기총에 영입함으로써, 한국교회에 전체에 심각한 혼란을 초래했으며, 그가 이단을 옹호하려는 자임이 드러났다. 특히 전광훈은 지난 2018년과 더불어서, 더욱 2019년과 2020년에 신학적으로 심각하게 이단성이 있는 발언들과 이단을 옹호하기까지 하는 죄악을 범했다. 그뿐만 아니라 2019년에 범투본 집회를 통해 정치적인 망언들을 계속하고, 불법적이고 독단적인 대통령 하야 운동을 벌이며, 정부를 향하여 비상식적인 투쟁을 이어나가며, 세속 권세의 영역을 마음대로 침범하는 일을 계속 행하고 있다. 그러나 전광훈이 지난 2014년 이래로 장로교회정치를 참담하리만치 훼손하고, 교회의 조직과 제도들을 심각하게 유린하고 파괴한 것이야말로 참으로 무겁고 가증스러운 죄악임에 분명하다. 이러한 전광훈의 비정통적이고 오류가 가득하며, 심지어 비성경적인 말과 행실들을 보면, 정통교회 입장에서 그는 심각하게 이단성을 내포하고 있음을 지적하지 않을 수 없다. 그가 가르치는 것들이나, 제도교회 안에서 행했던 불법성과 교회와 국가 관계에 있어서 정치적 영역을 심각하게 침해한 것을 볼 때에 참으로 심각한 우려를 따라서, 실제로 교회에 막대한 피해를 주고 있는 것이 사실이다. 그러므로 전광훈이 변승우를 이단 해제한 것을 다시 철회하고, 이단성 있는 강의나 집회를 당장이라도 멈추도록 조치해야 하며, 애국운동을 빙자한 선동적인 정치집회를 하도록 더 이상 내버려 두어서는 안 된다.

\<참고자료\>

전광훈을 "이단성 있음"으로 보는 간단한 이유들

1. 성경 66권 가운데 특정한 성경(모세오경, 바울서신 13권)만이 성경이라 감히 말한다. '성경은 모세가 썼고 바울이 해석했다'고 한다. 모세가 시내산에서 하늘의 식양을 보고 와서 기록한 것이 모세오경이며, 바울이 셋째 하늘에서 새 예루살렘을 보고 와서 모세오경을 해석한 것이 바울의 13권의 서신이라고 한다. 다른 성경들은 부수적으로 열등하게 여긴다. 이는 비정통적 성경관과 영감론이다.

2. 성경의 특별계시나 성경 저자들의 신적 영감성을 말하다가도 동일선상에서 자신의 주장을 펼치거나 자기체험이나 활동을 주장한다. 예를 들면, '자신도 셋째 하늘에 가서 보았다'고 말하면서 자신이 신비적 체험으로서 신적인 가르침을 받는 것이라고(마치 계시를 받는 것처럼) 주장한다. 즉, 계시의 연속성을 암시하고 성경의 영감성을 훼손한다. 그렇게 하여 결국에는

자신의 권위와 존재와 사역을 드높이려 한다.

3. 성령세례를 성령의 사역 가운데 가장 본질적이라고
여기고, 성령세례가 없으면 성도나 목회자가 아무것
도 아니라고 한다. 자신의 집회에서 성령세례를 받으
라고 현혹한다. 성령세례를 자신과 같이 이해하지 않
고 반대하는 자들을 향해서는 극단적으로 폄훼하고
이단적이라 여긴다. 목회자와 신학자들을 향해 도 넘
는 비판을 가하고 폄하한다.

4. 이단으로 정죄되고 교류/참여가 금지되기도 한 변승
우를 한기총의 이단목록에서 해제하고, 공동회장 중
의 한 명으로 선임한 이단옹호자이다. 변승우의 신사
도운동에 동조하고 신비주의를 조장하는 여러 정황들
이 보인다.

5. 앞서 말한 그의 그릇된 계시론과 신비적 성령의 경험
으로부터 비롯된 의식으로, 애국운동을 빙자한 선동
적 정치집회와 현 정권을 향한 투쟁을 선동하여 사회
와 교회를 혼란케 한다. 그 일을 위해 자신이 하나님

께서 보내신 선지자라고 인식하며, 과격한 정치적 운동들을 펼치며 사회를 혼란케 한다.

6. 교단들을 거짓으로 통합하였다가, 통합한 교단에서도 쉽게 분열하여 나오는 분파주의자요 분열을 야기하는 자에 다름 아닌 자이다. 그로 인해 특히 장로교회들에 극심한 피해를 주었으며, 결국에는 한국교회 전체를 분열시키고 무질서하게 한다.

제2부

인터콥(최바울 선교사)의
신학과 활동[1]

인터콥 열방센터(BTJ 열방센터)가 코로나19가 확산되는 시기에 경상도에 모여 대형 집회를 했었는바, 그 가운데서 코로나19 확진자가 500여명 이상 발생했었던 일이 기사화되었었다. 그런데 더욱 문제가 심각했던 것은 코로나19 확산에 대한 이해와 그에 대해 대처함에 있어 사건 자체를 은폐하려 한 것이 도마에 올랐다. 이에 총회 신학위원회에 인터콥(최바울 선교사)에 대한 조사 요청이 건의되어, 필자는 이에 대한 조사와 더불어 심도있는 연구를 진행하게 되었다.

일단 최바울과 인터콥에 대해서는 오랜 기간 동안 기존의 교단들에서 총회적인 지도와 결의가 이루어진바 있었기에, 그에 대해 다시 한 번 살펴보고, 최바울의 각 시기별 신학·선교적 활동에 대한 다각적인 검토를 한 후에, 최바울의 인터콥 활동에 담긴 선교활동과 신학의 문제점을 검증하여, 그에 대한 최종적인 판단과 결론을 내리고자 한다.

1. 최바울의 인터콥에 대한 교단들의 판단

현대종교에서 소개한 최바울의 인터콥 활동에 대한 각 교단들의 결의에 따르면,[1] 각 교단별로 2011년부터 이미 최바울의 인터콥 활동에 대한 총회적인 결의가 이뤄지기 시작했었던 것을 알 수가 있다.[2] 특별히 통합교단

---

[1] http://www.hdjongkyo.co.kr/news/sub.html?section=42264&category=42268

[2] http://ikccah.org/intrcop/2443 세계한인기독교이단대책연합회(세이연)에 각교단별 보고서가 소개되어 있다.
 – 통합(2011/96/ 예의주시, 참여자제. 2013/98 예의주시, 참여자제, 더 지켜 보아야 함)
 – 합신(2013/98/ 매우 불건전한 이단성, 일체 교류 및 참여 금지)
 – 미주 한인장로교연합(2012/교류금지)
 – 합동(2013/98/ 이단에 빠질 위험한 요소 있음, 산하 교회는 일체 교류 단절 할 것),
 – 고신(2011.61/ 지도를 받을 때까지 예의주시, 교류자제. 2013/63/예의주시, 교류자제, 일년간 더 조사하여 발표)
 – 예장개혁 : 영입보류
 – 미주 남침례교단과 남가주기독교협회에서도 인터콥을 연구하여 2014년에 발표하기로 결의함

은 지난 2011년 제96회 총회에서 "교리적으로 타당하지 않고 위험하"다고 "예의주시, 참여자제"를 결의한바 있으며, 2013년 제98회 총회 때에도 "해명과 반성의 진정성을 지켜볼 시간이 필요"하다고 하여 기존 결의 사항을 유지하고 있다. 뿐만 아니라 2013년에 합동교단 제98회 총회 때에도 "극단적인 세대주의 종말론, 프리메이슨의 음모론 수용, 이원론적 이분법" 등의 사유로 "교류단절"을 결의한바 있다. 또한 2013년 합신 교단 제98회 총회에서도 "이원론적 사상, 비성경적 Back to 예루살렘과 복음의 서진운동, 왜곡된 종말론과 적그리스도론" 등의 문제점들로 인해 "참여금지 및 교류금지"를 결의했다. 더욱이 2014년 제64회 고신 교단 총회에서도 "교회론, 서적, 선교·신학적 차원의 문제" 등으로 인해 "초청금지"를 결의하였고, 2015년 제65회 총회에서는, 동일한 내용으로 "참여금지"를 결의했으며, 2016년 제66회 총회에서도 "불건전단체"로서 "참여금지"의 결의를 그대로 유지해오고 있다. 무엇보다 지난 2016년 9월 고려신학대학원 교수회에서는 인터콥에 대한 총회보고서를 작성한바 있는데, 거기서 인터콥에 관해 언급하기를 "2011년 '신학 매뉴얼'을 발표한 이후, 2013년 대한 예수교장로회(합신) 이단사이비 대책위원회는 총회가 청원한 '최바울(인터콥) 이단성 판단 및 이단규정 청원권'에 대한 보고서에서 여전히 "심각한 이단적 요소들이 있어 참여금지 및 교류금지"를 청원하였으며, 세계한인기독교이단대책연합회 인터콥 조사소위원회가 2013년 2월 28자로 발표한 '인터콥에 대한 성명서와 공개 질의서'에서도 문제점으로 지적된 바 있는 그의 신학적 사상에 변화가 없었다는 보고서가 발표되었다."고 했다.[3] 그러므로 고려신학대학원 교수회에서도 인터콥의 신학적 선교사상적 문제점을 동일한 선에서 보고했는데, 2016년 9월 고신 총회에 제출된 최바울의 인터콥에 대한 고려신학대학원 교수회의 보고서는,[4] 인터콥에 동원되는 평신도들이 교회의 충분한 이해와 협조 없이 무분별하게 참여하는 사례들을 소개한다. 그 보고서에 따르면, 세 가지 측면에서 문제를 드러내고 있는데, 첫째, 인터콥에 속해 있는 사람들이 자신이 속한 교회와 목사의 지도 및 치리를 받으려 하지 않는다는 점. 둘째, 인터콥에 참

---

3 http://www.kscoramdeo.com/news/articleView.html?idxno=10066

4 http://www.kscoramdeo.com/news/articleView.html?idxno=10066

여하는 자와 참여하지 않는 자 사이에 심각한 갈등과 분열을 야기한다는 점. 셋째, 인터콥에 참여하는 성도들이 자신이 속한 지교회보다는 인터콥에 더욱 우선순위를 두는 것에 따른 문제점이다. 특히 최바울의 저서들을 보면, 그는 기존 교회들의 질서와 제도에 대한 올바른 이해를 지니지 못하고 있으며, 그에 대한 비판이 많이 제기되고 있는데, 그러한 문제점의 핵심은 교회와의 충분한 이해와 협조가 없이 인터콥이 운영되는데 따라 발생하는 요인으로 볼 수 있다.

그러나 예수 그리스도께서는 교회의 직분자들과 교회 정치 제도들 가운데서 교회를 통치하시며 하나님의 나라를 이루어나가시는데, 이러한 성경적이고 교회법적인 이해를 최바울은 심각하리만치 간과하고 있는 것이다. 또한 위에 언급한 고려신학대학원 교수회가 언급한 바에 따르면, 인터콥은 선교현장에 평신도 선교사를 보내는 과정에서 오히려 현지 선교사들에게 적잖은 어려움을 야기하고 있으며, 그런 예로써 임직을 받지 않은 평신도들이 목사가 수행할 직무인 예배 설교를 하거나, 심지어 성례를 집전하는 등의 문제도 발생하고 있는 실정을 지적하고 있는데, 최바울의 인터콥을 향해서도 이에 대한 적절한 조치를 취해야 함을 여러 차례 권면한바 있다.

하지만 최바울의 입장이 어떠한 것과, 인터콥 선교회에 소속된 선교사들의 활동이 그것을 반영한다는 점은 사실은 별개의 문제인 것으로 보인다. 한 사람이 자신의 사상과 사역을 교정한다는 것은 그리 쉬운 일이 아니지만, 최바울은 자신이 지난날 가르쳐 왔었던 내용들에 대해 문제를 시정하고 바꾸었다고 한다면, 그것을 대다수의 인터콥 회원들의 활동에 반영될 때까지 계속해서 시정하려는 자세로서 기성 교단들의 지도와 권면들을 대부분 받아들이고 협조적인 관계를 이어가야 했을 것이다.

또한 최바울은 자신에 대한 반론과 해명에서 자신이 더이상 일괄적으로 주장하거나 가르치기를 중단하였다고 하는 저서들을 언급하면서, 자신이 올바르게 주장했던 부분들(세계영적도해, 하나님의 나라 등)을 인용하면서까지 자신의 이전부터 결백했다는 식의 주장은, 전혀 해명이 되지 못하는 것이다. 이는 자신이 이전 주장들이 사실은 올바른 맥락의 주장이었다는 것이나 마찬가지이며, 그가 이전부터 이러한 주장들을 이전의 책들에 전개했다는 것인데, 이는 자신이 이전까지 해온 부적절한 발언들과 가르침에 대한 적절한 해명의 자세가 아니다. 왜냐하면 자신의 저서에서의 전체적인 흐름상에 있어서 중심적인 사상들이 문제가 되는 것이고, 우려스러운 주장들이 그 다음의 진술들과 맞물려져서 큰 덩어리의 문제꺼리가 되는 것이며, 일부분에 있어서 합당한 주장이 전혀 없었다고 문제삼는 것이 아니기 때문이다. 그가 합당하게 주장하는 내용이 전혀 없다는 말이 아니라, 그가 합당하게 주장했던 것들조차도 그의 그릇된 다른 주장들로 인해 온당한 주장들마저도 오류의 맥락으로 전달되고 만다는 점을 상기하기 바란다. 따라서 지금 자신의 정당한 입장을 주장하고자 한다면, 이전까지 자신의 과오와 오류에 대해서는 솔직하게 인정하고 오히려 극복하는 것이 합당하다고 본다.

한편, 고려신학대학원 교수회의 인터콥에 대한 신학보고서와 관련한 최바울의 지난 2016년 8월 27일 반론과 해명에서, 교수회가 우려한 이원론적 우주관 및 세계관에 대해 자신의 사상인 "빛과 어둠, 선과 악, 하나님과 사탄의 대립적 관계는 윤리적이며, 히브리적 세계관"이라고 진술하여 변호하고자 했는데, 이도 적절치 않은 해명이었다.

사실, 최바울과 인터콥은 이슬람권 선교를 하고 있는 것이어서, 그처럼 특수한 상황에서의 활동에 있어서 기존의 통상적인 선교와는 구별하여야 할 특별한 상황들이 없지 않았을 것이다. 이러한 점은 충분히 고려해야 할 것이며, 특수한 상황에서 진행하는 그러한 차별성에 대해서도 언제든지 피드백을 받고 이해를 구해야 하는 것이 올바르고 협력적인 선교의 자세일 것이다.

최바울은 고신 교수회의 보고서가 이인규 씨와 박형택 목사의 글을 거의 대부분 발췌하여 인용한 것이라고 말하고, 독자적으로 연구하고 조사했다는 흔적이나 증거가 거의 없다고 주장하면서 고신 교단을 비롯한 여러 교단들이 인터콥과 교류단절을 한 것에 대해 유감과 억울함을 토로했는데, 이러한 최바울의 대처는 적확한 대처로 보기가 어려울 것이다. 다만 기성교회 내에서의 활동들에 대한 비판한 고신 교수회의 판단에 대해서는 최바울도 받아들이고 있는 것으로 보인다. 그리고 선교현장에서의 활동에 대한 평가에 있어서는 최바울이 인터콥 선교회의 사역에 대해 소명하며, 오해를 받고 있음을 피력한바 있다.

그런가 하면 성결 교단의 이대위 보고서에 대한 최바울의 2018년 답변(반론)을 보면, 보고서에서 교회의 역사를 '기관화'(organization)와 '운동'(movement)의 긴장관계로 이해하면서, 교회가 제도화하고 기관화하면서 타락했다는 인식을 지적하여 비판한 것에 대해 최바울은 토인비(Arnold Toynbee, 1852-1883)와 스티븐 니일(Stephen Charles Neill, 1900-1984) 등의 책을 근거로 하여 자신의 인식이 납득될 수 있는 견해이며, 자신은 교회가 세상과 더불어 기관화 제도화 될 때에 진리의 생명력과 역동성을 오히려 회복해야 함을 지적한 것이라고 주장했다.[5]

---

5 http://www.intercp.net/07_04_all_view.
  jsp?num=1778&page=0&keyField=&keyWord=&tablename=SINHA-
  CK_BBS&tblname=SINHACK_BBS&code=&posType=read (2021.3.16.
  18:21 접속)

하지만 그러한 해명은, 오히려 교회관에 있어서 제도적 교회는 교회정치적으로나 질서적으로 긍정적인 기능들이 있음을 간과하고서 사회 안에서의 제도화에 대한 비판적인 측면에만 치우쳐 있음을 드러내는 것이다. 그러한 인식은 교회의 보편성, 하나 됨, 거룩성에 대해 깊이 숙고하지 않고서, 그저 사회적 차원에서만 비판하다보니 그처럼 교회의 부정적인 면을 부각시키는 결과를 초래한 것이다. 이러한 문제점은 최바울의 초기 저서들에서도 자주 나오는 오점들인데, 정작 최바울 자신은 초기 저서들의 주장을 일괄적으로 중단했다고 했으며, 그럼에도 필자가 최바울의 「시대」라는 책을 읽고서 우려했던 바이기도 하다.[6] 최바울의 교회관은 지나치게 기존 교회에 대해, 그리고 교회의 역사에 대해 비판적인 것을 볼 수가 있는데, 이는 그리스도 중심의 교회관과 정통적 교회사에 대한 사려가 아니라 국제학, 지역학적 접근법을 중심으로 하는 사려 가운데서 나온 결과라고 판단한다. 그는 상대적으로 기독교 교회사에 대해서 이해를 간

---

6 최바울, 시대, 서로사랑(서울: 2004), 124. 유럽의 프로테스탄트의 과오에 대한 지적(118), 기독교 국가인 미국에 대한 부정적 우려도 많이 나타나고 있다 (77, 78, 118, 138).

과하고 있고, 중요하게 여기지도 않았던 것이다.

최바울은 또한 중국 교회의 선교 운동 가운데 하나인 'Back to 예루살렘'에 대해 성결교단(기성) 이대위 보고서에 대한 반론에서 정의를 내리기를, 예루살렘으로 돌아가자는 것이 아니라 중국에서 예루살렘까지 선교를 하자는 선교적 지평과 관련된 구호라고 말했다. 그의 이러한 해명에도 불구하고 "Back to 예루살렘"이라는 용어로서만 통상적으로 쓰이고 있는 것을 생각한다면, 상식적으로 이러한 용어의 사용도 시정하는 것이 바람직할 것으로 보인다. 예를 들면, "중동선교" "아시아 선교" 등의 구호 가운데서 그 단어를 들을 때에 곧바로 인터콥의 선교목표가 예루살렘임을 연상할 만한 구호를 찾아서 쓰는 것이 더욱 바람직하겠다. 더욱이 이미 'Back to 예루살렘'이라는 사상으로 많은 지적을 받았기에 그것을 시정한다는 의미에서 그처럼 권장하는 것이다. 그래서인지 인터콥에서는 2015년부터 "Back to 예루살렘"이라는 용어를 사용하지 않고 있다고 한다. 하지만 여전히 BTJ 열방센터라는 타이틀이 붙은 시설을 사용하고 있는데, BTJ는 'Back to 예루살렘' 또는 'Back to Jesus'의 약자라고 한다. 다만 인터콥에서는 밝히기를, 'Back to 예루살렘'이라는 용어를 2011년부터는 'Back to Jesus'로 바꾸어 사용하고 있다고 한다.

2. 최바울의 신학과 그의 대처에 대한 시기별 판단

최바울의 신학과 선교적 활동에 대해서는 크게 세 시기로 나누어 볼 수 있다. 특히 2011년 전후로 2011년 12월에 한국세계선교협의회(KWMA)와 기존 교단 신학자들에게 지도를 받은 후로 견해들을 상당부분 시정하였다고 한다.

1) 2010년 이전의 시기

그의 저술한 「시대」라는 책을 보면, 그가 신학적으로 지적받았던 문제점들을 볼 수 있다. 그 가운데서도 특히 한국교회와 세계교회에 대한 지나치게 비판적 이해가 문제가 되었다. 더욱이 9.11테러 이후에 미국의 대처를 보복의 관점으로 보고, 비폭력 평화주의를 외치면서 그러한 주장이 구약 성경 부합하는 것이라고 하여, 신구약 성경에 대한 통시적(diachronic) 관점의 결여로 인한 잘못된 판단을 하고 있음을 볼 수가 있다. 9.11 테러 이후로 미국교회가 더 이상 기독교 선교에 있어서 주도적인 국가가 되지 못할 것이라고 단정하며, 한국과 중국교회가 이 역할을 대신 할 것이라는 주장은 상당히 주관적이며 자의적인 것이라 하겠다. 마찬가지로 세계의 역사를 보는 관점에 있어서도 지나치게 편향되어 있다. 특히 기독교와 이슬람의 관계를 논할 때에, 마치 기독교가 가해자인 것처럼 이해하여 설명하고 있으며, 오히려 이슬람이 피해자라는 구도로 보고 있는데, 기독교의 역사에 대해 지나치게 자의적으로 해석하여 이해하고 있는 것이다. 거기다가 인터콥의 '예루살렘 2004 평화집회' 등을 요한계시록 14장의 14만 4천명의 거룩한 영적부대가 할 일과 같은 것이라고 보는 것은, 가히 이단적인 논조에 가까운 것이라 사료된다.[7] 또한 '사도'라든지, '신사도행

---

[7] 최바울, 시대, 180–181. "그러나 하나님께서는 요한계시록 14장에서 미리 말씀하신대로 14만 4천 명의 거룩한 영적 정예부대를 일으켜 세울 것이며 마지막 변방과 예루살렘을 공략케 하실 것이다. 그들은 세계경제권력을 장악한 짐승의 표(계 13:17–18)를 거부할 것이며, 주님이 지상 명령을 위해 어린양을 따라 군사로 일어날 것이다(계 14:4)... 이제 마지막 변방을 향한 신사도행전은 시작되었다. 우리는 계속 진군할 것이다."

전'이라는 표현을 사용하는 것을 보면, 신사도 운동적인 맥락의 발언으로서 사용하고 있음을 볼 수가 있다. 다만 '10/40 창'(10/40 Window) 지역에서의 이슬람 선교에 대해서는 대체로 균형이 잡힌 견해들을 제시하고 있다.

2007년에 발간된 '시대의 표적'이라는 책에는, 기존 교회의 사역에 대해서 교회를 위해서는 일하지만 천국에 대해 봉사하지는 않고 있다는 문제의식을 보인다.[8] 또한 지금 일반적으로 행하고 있는 선교활동에 대해 상당히 부정적으로 본다. 아울러 왜곡된 종말론적 요소까지도 보여주고 있는데,[9] 지금 시대는 마지막 시대이며 단일 통합세계와 조직화된 세계로서 글로벌 통합시스템으로 세계체제가 이루어지고 있는 것으로 말한다. 또한 세계체제를 장악한 적그리스도적인 짐승이 마침내 등장할 것이라 말하는데, 상거래의 모든 권력을 장악하고 시장의 힘을 앞세워 다가오는 짐승의 권세가 도래할 터이나 이 마지막 시대에 그리스도인이 해야 할 일이 있다고 주

---

8 최바울, 시대의 표적, (서울: 펴내기), 2009, 8.

9 최바울, 시대의 표적, 4.

장한다. 그러나 이러한 시대인식은 세대주의적인 종말론에 가까운 주장이다. 뿐만 아니라 교회는 목적이 아니라 도구라고 말하고, 교회가 천국을 위해 일해야 한다고 주장하기도 한다. 이러한 것들로 보건대 최바울은 교회와 천국을 대립적으로 이해하고 있는 것으로 보인다. 또한 그는 주장하기를 '모든 민족에 복음이 증거될 때 세상의 끝이 온다'고 말한다. 그는 이처럼 모든 민족에게 복음을 증거하는 것으로 모든 메시지의 방향을 몰아간다.[10] 그러면서 1948년에 팔레스타인 지역에 이스라엘이라는 국가가 새로이 세워진 것을 성경예언에 대한 종말론적 실현이라 주장한다. 그는 "성경적 관점에서 볼 때에 1948년의 이스라엘 국가 건설은 마지막 시대의 절대 표징"이라고[11] 주장한다. 그는 또한 다니엘서를 해석하면서, 예루살렘을 중건하는 것(단 9:25)이 예루살렘 성의 정치적 국가로서의 중건을 말하는 것이라고 본다. 하지만 단 9:24-27절까지 본문의 정통적인 해석은, 바벨

---

10 판 헨더렌, 펠레마, 개혁 교회 교의학, 새물결플러스, 1102-1103. 하지만 개혁교회 교의학에서는 "하나님의 나라와 교회 사이에는 직접적인 관련이 있다"는 것을 기억해야 한다.

11 최바울, 시대의 표적, 32.

론에서 70년간의 포로생활을 한 이후에 예루살렘의 스룹바벨 성전이 재건된 것과 에스라와 느헤미야를 통한 유대민족의 회복을 지칭하는 것으로서, 이후로 예수 그리스도의 초림에 이르기까지의 시대를 말한다고 보는 것이다. 또한 26절의 일곱이레와 육십이이레 이후는, 그리스도께서 승천하시고 난 후 주후70년에 디도 장군이 유대를 침략하여 성전이 훼파된 것을 말하는 것이라고 본다. 그리고 27절의 '그'는 그리스도로 해석하는 것이 대부분의 견해이다. 일곱이레와 육십이이레 후에 한 이레 동안 미래의 모든 세대 동안에 하나님의 언약을 확증하실 그리스도를 말하는 것이다. 아울러 칠십이레는, 포로귀환으로부터 그리스도의 초림과 교회시대를 포함한다. 여기에서 강조하는 점은 예수 그리스도의 사역과 승리이다. 그리고 27절은 그리스도의 초림과 재림을 말하는 것이며, 재림까지를 바라보도록 하려는 것이다. 그러나 최바울은 그러한 구속사적 해석을 하지 않고, 27절의 재림에 대해 특정한 내용, 즉 단일 세계체제, 9.11 사태 이후 벌어지는 사건들에 초점을 맞추고 있다.[12] 또

---

12 최바울, 시대의 표적 148.

한 그 이후에 다니엘이 계시를 받은 것처럼, "신약성경 계시록과 같이 마지막 시대에 대한 순수 계시를 주실 수도 있"다고[13] 말하여, 지금도 계시가 연속성 가운데서 이루어 질 수 있다는 맥락의 표현을 한다.

한편, 그는 9.11테러 이후에 미국이 대응하던 일들을 비난하면서, 비폭력적이고 평화적으로 이슬람을 대하면 더욱 좋을 것이라는 이상적인 평화주의적 주장을 하기도 한다.[14] 즉, 미국의 이라크에 대한 보복공격을 두고서 기독교적이지 않다고 비판하고 있는 것이다. 최바울은 "이 천국 복음이 모든 민족에게 증거되기 위하여 온 세상에 전파되리니 그제야 끝이 오리라"(마 24:14)는 말씀을 성경의 중심적인 말씀인 것으로 보고, 대부분의 상황들을 종국에는 이러한 결론으로 이끈다. 모든 민족에게 복음이 전해져야 끝이 온다는 것에 포커스를 두고서 이러한 선교를 하지 않는 교회나 그리스도인은 심각한

---

13 최바울, 시대의 표적, 149.

14 최바울, 시대의 표적, 86.

오류가운데 있는 것이라 말한다.[15]

또한 최바울의 주장들 가운데에는 신사도 운동과 유사한 맥락의 표현들을 볼 수가 있다. 예컨대 "하나님의 말씀과 계시로 가르쳐 주셨습니다. 하나님께서 말세의 의인들에게 뜻을 보이셔서 분별시키십니다……임박한 심판을 성령님께서 미리 보여 주실 것입니다. 하나님께서는 의인들에게, 열방을 품는 아브라함의 후손들에게 시대를 분별케 하시며 징조와 더불어 장차 나타날 일을 말씀해 주십니다."[16] 라고 한 그의 말들 가운데서 이를 단적으로 찾아볼 수가 있는 것이다.

2) 2011~2016년간의 시기

인터콥은 지난 2011년 6월에 선교 사명선언문을 작성하고, 12월에는 한국세계선교협의회(KWMA)의 지도와 협력가운데서 선교회 자체의 신학 매뉴얼 등으로 체계

---

15 최바울, 시대의 표적, 198-201.

16 최바울, 시대의 표적, 73.

적인 선교회로서 보완과 정립을 진행해 왔다. 그러므로 지난 2011년이야말로 인터콥 선교센터의 교정과 변화의 시기였다 할 것이다. 또한 2011~2013년 사이는 국내외에서 인터콥의 선교정책 및 선교운동에 대한 비판과 지적들이 적지 않았던 기간이기도 하다. 따라서 인터콥은 이에 대한 해명과 노력을 약속했었다.

인터콥은 자신들의 신앙고백을 1974년의 로잔 언약(The First International Congress on World Evangelization)과 웨스트민스터 신앙고백(The Westminster Confession of Faith, 1647)이라고 말한다. 그리고 인터콥의 사명선언문을 2011년 6월 9일 인터콥 선교 공동체 선교사들의 이름으로 채택하여, 홈페이지에 게시하고 있다.[17] 그런데 사명선언문 내용 가운데에는 결론이 다소 강하게 표현된 부분들이 있다.[18]

---

[17] http://www.intercp.net/01_10-1.jsp

[18] 인터콥 사명선언문 결론 가운데서 특히, "우리는 세상의 야망과 유혹, 제국의 위협과 박해를 이기고 승리한 다니엘과 그 친구들의 '그리 아니하실지라도!' 신앙고백을 본받아 어떠한 위협이나 위험의 상황에서도 사랑하는 어린양(계14:5)이신 예수 그리스도를 좇아 승리의 그날까지 끝까지 사명자의 길을 갈 것이다. 오직 하나님의 영광을 위하여 Soli Deo Gloria!"라는 문구.

인터콥은 자신들만의 신학 메뉴얼을 채택하여 가지고 있다.[19] 이는 선교사역에 임하는 기독교 복음의 개요 총 19항목을, 한국세계선교협의회 신학지도 위원회의 자문을 받아서 지난 2011년 12월에 작성했던 것이다. 그리고 그 내용은 인터콥 홈페이지에서 확인할 수 있는데, 문제는 그 신학 매뉴얼에 대해 인터콥이 얼마나 충실한가 하는 점이다.

한편, 'Back to 예루살렘'을 2011년부터는 'Back to Jesus'로 사용하고 있다고 하는데,[20] 이는 최바울의 중심적인 사상에 상당한 변모를 꾀한 것이라 하겠으나, 그것도 결국에는 자신의 저서에서 주장하던 바와 같이 예수께서도 기성 교회의 반대를 받으셨던 것이라는 주장을 투영하는 것이 아닌가 하는 유추가 가능하다. 왜냐하면 예수님께서도 자신들처럼 민중 및 대중 속으로 들어가서 사역을 했던 것이라고 주장하기 때문이다.[21] 그러

---

19 http://www.intercp.net/01_25.jsp

20 http://www.hani.co.kr/arti/society/religious/978581.html

21 최바울, 시대의 표적, 221.

면서 인터콥 이전에는 이러한 사례가 없었다고 주장하는데, 이보다는 '중동 선교', '소아시아 선교' 등의 구호와 같이 특정지역을 향한 선교를 지칭하는 것으로서 더욱 분명하게 사용하는 것이 더욱 적절할 것이다.

그러나 최바울과 인터콥은 2014년 4월에 세계선교협의회의 신학지도를 받는 가운데서, 자신들이 신학에 있어서 아무런 문제가 없음을 충분히 인정받았다고 주장한다.[22] 다만 2013년의 선교운동에 대한 지적사항에서 인터콥 선교회에서 선교훈련을 받은 성도들 가운데 기성 교회에서의 선교를 주장하여 교회에서 상당한 물의를 빚은 일이 있었던 것은 인정하면서, 비전 스쿨을 통해서 이를 시정해 나가고 있다고 해명했다.

---

22 최바울 선교사의 성결교단 이대위에 대한 답변(2018): KWMA는 〈인터콥신학지도위원회〉를 구성하고 수년 지도 한 후, 2014년 4월 모든 신학적 문제가 해소되었음을 공식 발표 하였습니다.(첨부자료3. KWMA 인터콥신학지도위원회 최종 보고서_2014.04.02). 당시 위원회 명단은 다음과 같습니다:*위원장: 성남용 교수(총신대목회대학원 선교학과 교수)*지도 위원: 김명혁 목사(한국복음주의신학회 회장, 강변교회 원로목사), 김재성 교수(한국개혁주의신학회 회장, 국제신학대학원대학교 부총장, 조직신학 교수), 박영환 교수(기독교신학회회장, 서울신대 교수), 신경규 교수(고신대 선교학과 교수), 김병선 목사(GP선교회 대표), 김연수 박사(KWMA 협동총무).

3) 2016년 이후부터 현재까지의 시기

인터콥 선교회의 최바울은, 지난 2018년에 영동교회(대방동 소재, 통합측 교회)에서 자신이 행한 강의에 대해 잘못된 것이라고 강의를 했던 고신 이단대책위원회 상담실장 서영국 목사를 명예훼손으로 고소한바 있다.[23] 이렇게 하여 최바울은 자신의 문제를 교회 혹은 교단 가운데서 해결하려 하지 않고 곧장 세속법정으로 끌고 가는 우(error)를 범했다. 그러한 점에 있어서 소명하거나 항의할 것이 있다면, 서영국 목사가 속해 있는 고신교단에 문제를 제기한다거나 교회적인 해결을 시도하는 것이 바람직했던 것이다. 뿐만 아니라 예장 합신 교단의 이대위원장 김성한 목사가 2019년 2월에 한 말에 따르면, "인터콥은 2018년 7월 23일 합신 총회장과 이대위원장 앞으로 보낸 내용증명을 통해 '인터콥은 KWMA 신학위원회의 지도를 잘 받아서 오류를 수정했음에도 [이대위가] 계속적으로 인터콥을 비판한다.'며 법적인 조치를 하겠다"고 협박하였다. 또한 인터콥은 2018년 10

---

23 http://www.kscoramdeo.com/news/articleView.html?idxno=13383

월 25일, 인터콥의 문제를 알리는 이단사역자들에 대해서도 법적조치를 단행하겠다는 협박성 내용증명을 발송했다."[24]고 한다.

이에 대해 2019년 1월 7일에 한국세계선교협의회는 인터콥의 회원자격을 2년간 정지하기로 결의했다.[25] 또한 예장 합신 교단의 김성한 이대위원장은 인터콥에 대한 지도와 수정이 가능한가라는 질문에 대해 2019년 2월 29일에 답하기를, "한국교회 안에는 인터콥에 대하여 두 가지 목소리가 존재하고 있다. 1. 인터콥은 불건전하니 인터콥에 참여하지 말아야 한다는 입장이 있고, 2. 또 하나의 입장으로서 그래도 인터콥의 선교 열정이 특별하니 잘 지도하여 선교에 기여하게 하자는 입장이다. 문제는 인터콥을 잘 지도할 수 있느냐는 것이다. 결론적으로 말해서 KWMA는 인터콥을 잘 지도하지 못했고, 인터콥의 자세도 지도를 잘 따르는 모습이 아니다. 이단을 지도하는 것이 쉽지 않기 때문이며, 실제로 이

---

24 http://www.churchheresy.com/news/articleView.html?idxno=506

25 http://www.churchheresy.com/news/articleView.html?idxno=506

단을 지도해서 성공한 사례가 없다."[26]고 종교와 진리라는 인터넷 신문에 게재한 글로써 밝힌바가 있다. 뿐만 아니라 선교계 원로들도 나서서 "죄송합니다. 호소합니다. 부탁드립니다."라는 제하로 지난 2021년 3월 19일자 국민일보 하단 광고면에, 인터콥을 제대로 지도하지 못하여 죄송한 마음을 표현한바 있다. 또한 원로들은 최근에 BTJ 열방센터발 코로나19 확산으로 인해 인터콥 문제가 다시 재기되어 참으로 안타까움을 호소했다. 사실 그 동안 인터콥에 헌신된 젊은 일꾼들이 1,200명이나 되어 계속해서 생동력 있는 선교를 수행할 수 있었으며, KWMA에서도 그들에 대한 리더십 가운데 지도해 왔었고 지금도 지도하고 있었다고 한다. 그러나 인터콥이 자신들에 대한 비판을 적극적으로 수용하고 변화하려는 노력을 보이고는 있으나, 여전히 문제가 수습되지 못하고 있음도 부인하기 어려운 실정이라면서, 인터콥을 포용해 주시기를 호소하며 이르기를, 약점들은 보완하고 강점들은 더욱 살려내서 한국의 선교운동과 청년선교 활성화에 기여할 수 있도록 기도해 주시기를 바란

---

26 http://www.churchheresy.com/news/articleView.html?idxno=506

다고 했다. 하지만 인터콥이 이처럼 한편으로는 합신 교단의 이대위를 향해 내용증명 등 법적대응을 하는가 하면, 다른 한편으로 선교계 원로들의 도움을 요청하는 이중적인 행동을 하는 것은, 교회들의 진정성 있는 지도를 받는 모습이라고 보기가 어렵다.

사실, 최바울과 인터콥은 기존 교단과 협력하면서 선교를 감당해야 하는데, 기존 교단의 지도나 견해가 자신들과 맞지를 않고 납득하기 어렵게 느껴지므로 대화나 소통 보다는 거리감을 느끼게 되었던 것으로 보인다. 그러나 이는 서로 간의 태도의 문제가 아니라 신학적 견해의 차이로부터 비롯된 것이며, 설사 그러할지라도 교회의 협력과 지도 가운데서 함께하기를 더욱 힘써야만 할 것이다.

3. 최바울의 신학과 선교활동의 문제점 및 그에 대한 판단

1) 그의 교회관이 분파주의적이라는 문제

초대교회사에 있어서 중요한 두 부류의 분파들은 공통적으로 교회론과 관련된 이단이었는데, 그 중 하나가 4세기 초에 북아프리카 교회에 출현한 '도나투스파'(Donatism)이고, 다른 하나는 주후 3세기 Decius 황제의 박해 이후에 배교한 자들을 다시 교회로 받아들일 것인지의 문제를 놓고 갈등한 가운데서 반대를 표명하여 기존 교회와 분리했던 '노바투스파'(Novatianism)이다. 그리고 종교개혁시대에 그러한 분리의 길을 걸은 자들이 바로 재세례파이다. 종교개혁자들은 노바티누스주의와 도나티스트주의와 그들의 뒤를 따른 재세례파들을 이단으로 정죄했다. 왜냐하면 노바투스파는 교회의 거룩성에 있어서의 실제적인 완전함을 주장했고, 회개한 자의 죄에 대한 용서를 부정하고, 자신들과 같지 않다고 여기며 기존 교회들에서 떠난 분파주의자들이었다. 도나투스파는 하나님 말씀이 바로 선포되고, 성례가 바로 시행되어도, 만일 사역자가 온전치 않고 흠이 있거나, 신자의 거룩이 흠이 있을 시에는 거기에 교회의 거룩이 없다고 주장했다.

최바울은 이처럼 분파주의적인 교회의 인식을 가지고 있었는데, 만일 그러한 분파주의적인 면에서의 교정을 받아들인다고 한다면, 온전히 교정된 이후로 교회의 보편성과 하나됨을 계속해서 유지해야 할 것이다. 이러한 보편성과 하나됨은 이슬람 선교를 한다고 해도 반드시 놓쳐서는 안 되는 점이다.

2) 선교관의 문제점

최바울은 마 24:14과[27] 마 28:18-20에 주어진 바와 같이, 교회와 그리스도인은 반드시 모든 민족에게 복음이 전해지도록 하는 일에 최선을 다해야 한다고 말한다. 만일 그렇게 하지 않는 교회와 그리스도인이 있다면, 그

---

27 인터콥 선교사명문 2항 5절(2011.6), "우리는 모든 민족에게 천국복음이 증언되면 우리 주님이 다시 오신다(마24:14)는 예수님의 말씀이 역사의 종말, 인류의 종말에 대한 절대 말씀임을 믿는다. 아멘! 주 예수여 속히 오시옵소서!"

자체로 오류와 잘못된 선교정책, 구태의연한 선교에 머무르고 있음을 증명하는 것이라고 판단한다.[28]

2011년 이후에는 이러한 비판적 입장을 시정했다고 하는데, 이와 관련한 진정성 있는 태도를 보임으로써 그것이 증명될 때까지 그러한 노력을 계속해야 할 것이다.

3) 세대주의적 종말론에 가까운 성경해석의 오류

(1) Back to 예루살렘 운동의 문제점

2014년 1월에 출판된 이필찬 박사의 책에서는 세대주의적 성경해석에 기초한 종말론에 빠져있기에 발생하는 'Back to 예루살렘'이나 '복음의 서진운동'을 펼치는 최바울의 사상과 성경해석을 분석하여 분명하게 비판한다. 이필찬 박사는 세대주의적 종말론으로 인한 피해는 최바울만의 문제가 아니며, 오히려 중국교회의 Back to 예루살렘 운동이나 메시아닉 쥬(Messianic Jew)

---

28 최바울, 시대의 표적, 197-202.

의 Back to 예루살렘 운동에서 이미 드러났었던 문제임을 언급한다.

이필찬 박사는 자신의 책에서 세대주의자들의 특징에 대해 구체적으로 언급하기를, 이스라엘과 교회를 구분하는 것, 일관된 문자주의적 해석을 하는 점, 모든 과정의 절정을 예수 그리스도의 천년왕국(하나님 나라)으로 보려는 것 등을 지적하는데, 이러한 점들은 최바울에게도 고스란히 포함되는 문제점들이다.[29]

이필찬 박사는 최바울 저서 중 'Back to 예루살렘(2009)'과 '하나님의 나라(2011)' 가운데서 "혈통적 이스라엘의 회복"에 대해 다룬다. 최바울은 이스라엘-예루살렘 중심적 성경해석을 따르고 있는 것이다. 특히 최바울은 예루살렘과 중동 분쟁을 정치적 차원이 아니라 영적인 차원에서 바라본다.[30] 그는 이를 이삭과 이스마엘의 후손의 갈등의 구조로 보는 것이다. 심지어 그것이 9.11테

---

29 이필찬, 백투예루살렘 운동 무엇이 문제인가, 새물결플러스(서울: 새물결 플러스, 2014, 12-14.

30 이필찬, 백투예루살렘 운동 무엇이 문제인가, 280.

러로 증폭되었다고까지 주장하지만, 사실은 미국와 빈
라덴의 알카에다 사이의 갈등으로 보는 것이 더 정확하
다고 이필찬 박사는 언급한다. 또한 최바울의 9.11사태
에 대한 해석에 있어 예루살렘 중심적 사고로 바라보는
것을 비판하며, 그러한 근거가 전혀 없다고 말했다.[31]

최바울은 성경에서 예루살렘이 회복되는 예언의 성취
가 1948년에 이스라엘이 국가로서 재건된 일이라고 본
다. 그는 예루살렘에서 적그리스도가 등장할 것이라고
하며, 예수님이 그곳에 진격하실 것이라고 주장했다. 그
리하여 마침내는 예루살렘이 세계의 수도가 되고, 예루
살렘에 평화가 이루어질 것이라고 한다. 예루살렘에 정
치적 평화가 있을 것이며, 적그리스도가 세계를 호령하
고 이때는 고난의 시기이지만, 그 후에 예수님의 재림이
있을 것이라고 주장했다.[32] 그리고 이러한 일들이 있기
전에 유대인들의 회심 및 이스라엘과 그 주변 국가들 가
운데 남은 자들이 주께로 돌아온다고 했다. 이 일을 위

---

31 이필찬, 백투예루살렘 운동 무엇이 문제인가, 281.

32 이필찬, 백투예루살렘 운동 무엇이 문제인가, 283-284.

해 한국교회에서 10만 명의 선교사(중국 100만 선교사도)들이 나와야 함을 역설했다.

이필찬 박사는 이러한 주장을 하는 최바울의 잘못된 점들을 정확히 지적한다. Back to 예루살렘 운동을 펼치는 것은 전혀 성경에 부합하지 않는다는 것이다. 마찬가지로 예수님의 예루살렘 재림설도 그러하다. 그가 말하는 예루살렘의 정치적 평화는 실제로 존재하지 않는다. 그는 지난 2004년에 실제로 예루살렘에서 평화의 행진을 했었는데, 자신의 활동과 견해에 반대하는 선교사들의 비판을 비정상적이라고 주장했다.[33]

그러나 이필찬 박사에 따르면, 최바울은 예루살렘의 중심적인 성격을 주장하고자 구약의 약속이 가까운 미래에 문자적으로 일어날 것이라고 본다. 또한 보편적 성경 해석에 따르면, 이스라엘 예루살렘의 회복은 바벨론 포로 귀환으로 이루어진바 있으며, 교회 공동체를 통한 이스라엘의 회복을 예수 그리스도께서 이루신 것으로 보

---

33 이필찬, 백투예루살렘 운동 무엇이 문제인가, 290.

는데, 최바울은 이러한 측면을 놓치고 있다고 말한다. 이러한 신약의 해석적 입장을 통하지 않고서, 1948년에 있었던 이스라엘의 독립을 구약에서 약속한 이스라엘의 회복에 대한 성취로 보는 것은 정당한 성경의 해석과 적용이 될 수 없다는 것이다.[34] 그것은 또한 세계의 역사를 지나치게 단순화하고 도식화 한 것이다.

이필찬 박사에 따르면, 최바울은 성경의 핵심 사건으로서 "재림의 조건으로서의 세계선교와 이스라엘 고토로의 회복"이라고 확고하게 말하며, "재림의 조건: 세계선교", "재림의 조건: 유대인 고토로의 회복"으로 이루어진다고 말한다.[35] 최바울은 이를 주장하기 위해서, 이 외의 다른 요인들에 더욱 큰 권위를 부여하면 이단이 된다고까지 주장한다는 것이다.[36] 따라서 최바울과 인터콥은 이 두 가지 관점에 총력을 기울이고 있으며, 여기에 따르지 않고 반대한다면 비판과 비난의 대상이 되고 마

---

34 이필찬, 백투예루살렘 운동 무엇이 문제인가, 296.

35 이필찬, 백투예루살렘 운동 무엇이 문제인가, 297-306.

36 이필찬, 백투예루살렘 운동 무엇이 문제인가, 297.

는 것이다. 특히 예수님 재림이 모든 민족에 대한 선교가 이뤄지면 올 것이라고 하여 거기에 몰두해야 한다고 주장하는데, 결국에는 예수님 재림에 대한 다른 많은 가르침들이 덜 강조되는 결과가 초래되고 말 것이다. 그러나 정작 이필찬 박사는, 세계선교와 예수님의 재림의 인과관계를 설정하는 성경본문은 찾아볼 수 없다고 말한다.[37] 또한 그는 지나치게 '예루살렘-재림-선교'에만 중점을 둔 성경 읽기에 쏠려 있다고 말한다. 성경이해의 균형을 깨뜨리고 지나치게 자의적인 한 관점으로만 치우치도록 하는 위험이 있다는 것이다. 그리하여 결국 선교를 열심히 해야 예수님의 재림이 이루어진다고 하는 인터콥식의 공식이 생기는 것이며, 그런 자가 하나님의 예언을 이룬다는 식으로 치닫게 되고 마는 것이다. 그러나 단언컨대 사람이 하나님의 예언을 이루는 것이 아니며, 다만 하나님께서 그리스도안에서 이루시는 것이다. 최바울은 렘 16:13과, 14-15에서 그들이 고토로 돌아오게 될 것이라는 문구에 대한 성취를 구약의 역사 속에서와 그리스도의 사역 가운데서 이해하지 않고, 오늘날

---

37 이필찬, 백투예루살렘 운동 무엇이 문제인가, 300.

에 일어나는 사건들에 그대로 연결하고 있다. 구약성경의 내용들은 필연적으로 그리스도 안에서 성취된 사실들에 기초하여 이해해야 하는데, 그렇게 하지를 않고 오히려 현재에 대한 자신의 해석과 이해(1948년 이스라엘 독립 등)에 더욱 권위를 두고서 해석하고 있는 것이다. 이필찬 박사에 따르면, "아브라함의 후예들인 이삭과 이스마엘이 화해한 후 유대인의 남은 자와 이방 모든 민족의 남은 자들이 동시에 주께 돌아오면 주님은 재림하실 것입니다"라는 최바울의 주장은, 성경이 지지하는 내용이 결코 아니며, 이에 따라서 선교활동을 전제한다면, 이는 성경의 가르침에서 벗어나 활동이 될 수 있는 것이다.[38]

사실, 롬 11:26의 "온 이스라엘이 구원을 받으리라"는 말씀은, 특정한 어떤 부류의 사람이 아니라 매우 거대한 무리 그리고 전체 유대 나라를 말하는 것이니, 즉 복음의 설교에 의해서 효과적으로 부름을 받고 의롭다 칭함을 받는 것을 말한다. 최바울은 이스라엘의 독립과 더불어서 유대인들이 팔레스타인으로 복귀하는 것을 여기

---

38 이필찬, 백투예루살렘 운동 무엇이 문제인가, 302.

적용하는데, 이는 성경에 기록된 정당한 가르침이 아니다. 세속 국가인 이스라엘이 세워지는 것은 구속사적인 의미나 성경적 근거를 전혀 지니고 있지 못한 것이다.[39] 박윤선 박사는 롬 11:25부터 32까지에서 언급되는 하나님의 오묘한 일에 대해서 "이방인의 충만한 수가 구원 받은 뒤에는 이스라엘이 구원 받는 것은 사실이다. 그 이유를 인간의 지혜로는 알 수 없다"고 했다.[40] 또한 26절을 해석하면서, "그리하여"(헬: Καὶ οὕτως, 카이 우토스)라는 말은 시간적인 순서로서보다는 이스라엘 민족으로 하여금 구원을 받도록 하시는 하나님의 경륜의 방법을 가리킨다. 또한 "구원을 얻으리라"는 말씀은, 이스라엘 나라가 국가적으로 광복(liberation)을 맞이할 것을 의미하지 않고, 오히려 그 민족이 복음으로 돌아올 것을 의미한다. 마찬가지로 "온 이스라엘"이라는 말은 개인적으로 빠짐없는 전수(unanimity)를 가리키지 않고 이스라엘 민족 중 구원 얻는 자들의 총수(total)를 가리킨다고[41] 했다.

---

[39] 이필찬, 백투예루살렘 운동 무엇이 문제인가, 305.

[40] 박윤선, 성경주석 로마서, 영음사 1969, 309.

[41] 박윤선, 성경주석 로마서, 영음사 1969, 310.

그러므로 이스라엘 나라의 독립은 이스라엘 고토의 회복을 예언한 것과 아무런 관련이 없음을 알 수 있는 것이다. 그럼에도 불구하고 지난 2012년 4월 1일 인터콥에서 핵심 멤버들에게 발송한 기도 소식지를 보면, "열방센터가 세계 교회 왕의 군대들을 소집하고, 훈련하여 열방을 향해 출정시키는 거룩한 왕의 군대 전초기지가 되게 하시고, 4월 26일에 진행되는 선교 컨퍼런스 가운데 왕의 명령을 위해 죽도록 충성하기로 결정한 모든 세계 교회를 다 불러 모아주셔서 다시 오실 왕의 대로가 이곳에서부터 시작하여 예루살렘까지 수축되게 하소서"[42]라는 내용을 찾아볼 수 있어서, 그러한 내용이 바로 Back to 예루살렘 운동의 맥락을 함축하고 있는 것이라고 이필찬 박사는 보고 있다.

네덜란드 아펠도른 신학대학교의 두 교수 J. 판 헨더렌과 W. H. 펠레마의 개혁교회 교의학에 보면,[43] 하나님의 오직 하나의 백성으로서 이스라엘과 교회와의 관계

---

42 이필찬, Back to 예루살렘 운동 무엇이 문제인가, 313.

43 판 헨더렌, 펠레마, 개혁교회 교의학, 새물결플러스, 1130.

를 어떻게 해석하는지에 관해 1945년 이후 많은 이들이 바로 이 질문을 놓고 심사숙고 했다고 한다. 몇 가지를 예로 살펴보자면, 첫째로, 신약성경은 이스라엘이 구속사적인 측면에서 우선적인 위치를 차지하고 있으며, 둘째로, "(5) 그리스도를 믿는 이들은 하나님의 백성이고, 언약의 하나님이 그 분의 백성에게 약속하시는 특권들에 그들이 동참한다는 것은 논란의 여지가 없는 사실이다. 이러한 점에 비추어볼 때, 우리는 이스라엘 사람들 중 정통 유대교의 입장이나 또 다른 입장에 근거해서 예수 그리스도를 부정하는 이들을 하나님의 백성이라고 부를 수 없다. 하나님은 하나님의 백성이라는 명칭과 관련해서 그에게 불순종했던 옛 언약의 백성을 그 명단에서 제외하셨고, 바울이 로마서 11장에서 표현하는 것처럼 미래에 이스라엘이 그리스도에게로 돌아오는 것을 고대하고 있기 때문이다."[44]라는 점을 언급하고 있다.

한편, 2013년 5월의 인터콥 선교운동에 대한 지적사항을 해명하는 글에서는 "이스라엘 유대인들에 대해서

---

[44] 판 헨더렌, 펠레마, 개혁교회 교의학, 새물결플러스, 1131-1132.

는 로마서 11장 말씀대로 이방인들에게 충분히 복음이 증거 된 이후 마지막에 주께 돌아올 민족으로 이해하고 있"다고 했다.[45] 그리고는 이를 위해서 '10/40 Window' 선교를 하는 것이고, 이는 이슬람을 선교하자는 것으로서, 중국으로부터 예루살렘에 이르기까지 선교하는 것이라고 했다. 아울러서 복음이 예루살렘에 가면 종말이 온다는 것에 대해서는 동의하지 않는다고 한다. 하지만 그러면서도 "주님의 재림의 때와 시기는 알 수 없으나 마 24:14 말씀처럼 유대인을 포함하여 모든 민족에게 천국복음이 증거 되면 세상의 끝이 온다고 믿습니다."라고[46] 했다. 여기서 우리들은 '모든 민족에게 복음이 증거 되면 세상 끝이 오는가?'라는 질문을 제기할 수 있을 것인데, 그에 대해서는 하나님의 영원한 경륜가운데 하나님의 택하신 백성들이 구원을 받도록 하시는 역사임을 아는 것으로 머무르는 것이 좋겠고, 복음의 전파와 더불어서 교회에서의 복음 설교를 충실히 감당하

---

45 http://www.intercp.net/07_04_all_view.jsp?num=38&page=0&key-Field=&keyWord=&tablename=SINHACK_BBS&tblname=SINHA-CK_BBS&code=&posType=read

46 인터콥 선교운동에 대한 지적사항에 대하여(2013. 05.14) 홈페이지.

는 것으로 족할 것이다. 2013년 5월에 인터콥 선교운동에 대한 지적사항을 논하면서 인터콥은 이러한 측면들에 대해서 시정하고 있고, 나머지 부분들은 상당수가 오해에서 비롯된 것이라고 주장했는데 그러한 주장이 진정성이 있는 것이기를 바랄 뿐이다.

(2) 복음의 서진운동의 절대화

2010년 이전까지 최바울은 교회와 천국을 대립시켰었다. 그러면서 교회를 하나님 나라를 이루어가는 도구라고 했다. 아울러서 기성교회들이 교회 자체만을 목적으로 두고 하나님 나라를 이루려고 하지 않는 잘못을 범하고 있다고 했는데, 그와 동시에 하나님 나라를 이루는 것과 선교를 바로 직결시켰다.[47] 또한 그는 하나님의 나라(막 9:1)가 오순절에 성령의 권능으로 이미 임했다고 주장했다. 그리고는 계속해서 서진하여, 예루살렘으로 급하게 향하고 있다고 했다.[48]

---

[47] 최바울, 시대의 표적, 207-209.

[48] 최바울, 시대의 표적, 209.

최바울은 이러한 '복음의 서진운동'을 기초로 그의 사역을 펼쳐왔다.[49] 하지만 실제로 복음이 전해지는 것에는 이러한 '서진'(go west)만 있는 것이 아니다. 영국의 허드슨 테일러가 중국에 복음을 전했던 것은 '동진'이라 말할 수 있으며, 영국의 리빙스턴 선교사가 아프리카에 복음을 전한 것은 '남진', 또한 만일에 호주와 뉴질랜드 선교사가 중국에 복음을 전했었다면 '북진'이라고도 말할 수 있는 것이다.[50] 그러므로 이필찬 박사는, 최바울의 '복음의 서진운동'은 예루살렘 중심적 사고의 결과일 뿐이라고 일축한다.

그러나 2013년 이후부터는 이러한 오류들을 수정했다고 주장하기에, 그러한 점들을 최바울과 인터콥의 선교사들이 더욱 실질적으로 수정해 주기를 바란다.

---

49 http://www.intercp.net/01_10-1.jsp 인터콥 사명선언문 3장 1항, 〈비전〉 우리는 신속한 세계복음화를 위해 미전도종족 최전방 개척선교에 헌신한다. 우리는 예루살렘에서 시작한 천국복음이 유럽, 아프리카, 남미, 오세아니아, 북미, 한국, 중국을 지나 실크로드, 초원길, 아시안 하이웨이를 따라 전진하는 복음의 서진운동을 역사적 사실로 인식하고, 우리 시대에 어린이, 청소년, 청년, 장년, 여성, 시니어 등 모든 세대All Generations가 일어나 중국에서 예루살렘에 이르는 이슬람권과 주변부 미전도종족 및 소수민족들 등 최전방 개척선교의 비전을 가지고 우리의 모든 것을 드리며 헌신할 것이다.

50 이필찬, 백투예루살렘 운동 무엇이 문제인가, 296-297.

4) 교회제도와 교회법에 대한 편향과 비판적 이해

최바울의 2010년 이전의 저작들을 보면, 천국에 대한 이해가 상당히 잘못되어 있는 것을 볼 수가 있다. 예컨대 천국과 기존교회와 대립적으로 이해하고 있는 것이다. 교회제도와 교회의 조직화 그리고 기성교회 등에 대해서 매우 비판적이었다. 이는 최바울의 하나님 나라에 대한 이해에 있어서의 오류로부터 전개된 것들로서, 그러한 오류들로 인해 교회사를 편협하게 이해한 것이다. 그는 이천년의 교회역사를 '기관화'와 '운동성' 사이의 갈등과 창조적 긴장관계 사이에서의 발전이었다고 해석한다. 그리고 이것이 교회사의 명백한 대전제인 것처럼 말해왔다. 그러면서 기존의 교회들과 새로운 복음 운동이 대립하여 갈등을 일으키게 된다고 주장하며, 그러한 갈등 가운데서 이단으로 정죄되기까지 하는 것이라고 했다.[51] 또한 마이너리티(minority)가 기득권 세력을 극복하는 것이 진정한 기독교 역사라고도 주장한다. 이러한 패턴이 이천년 교회의 역사에서 이루어진 법칙이

---

51 최바울, 시대의 표적, 213-215

라고 했는데, 이것은 역사를 하나의 특정한 패턴으로만 이해하고 해석하려는 편향되고 지나치게 주관적인 역사관으로 바라보는 주장으로 보여 상당한 안타까움을 자아낸다. 최바울에 따르면, 특별히 여의도순복음 교회, C.C.C. 선교단체, 가정교회 운동 등은 바로 이러한 법칙가운데서 성장한 실제적인 예들이라고 해석하고 있는 것을 볼 수가 있는데, 이러한 예들을 향해 교회의 지도자들은 항상 종교권력으로서 부당하게 대했다고 주장한다. 예컨대 12사도가 있던 예루살렘 교회가 안디옥 교회를 향해 과오를 범했다고 하는 근거 없는 이야기를 주장한 것이다.[52] 이러한 풀뿌리 운동(평신도 변혁 운동)의 시조가 바로 예수님이고, 사도행전(성도들의 행전이라고 주장)도 그러한 바탕에서 기록한 것인데, 복음의 서진운동인 Back to 예루살렘으로 향하게 되는 것이라 주장한다.[53]

그러나 이러한 이해와 주장들은 예수 그리스도께서는 보이는 교회의 왕이시기도 하며, 제도적 교회를 세우

---

[52] 최바울, 시대의 표적, 217-218.

[53] 최바울, 시대의 표적, 218-219.

시고, 장로교적 다스림을 주신 것임을 고려하지 않음으로 말미암은 오류들이라고 하는 안타까움을 야기한다.

5) 교회사나 교회법에 근거하지 않는 이원론적 우주관 및 세계관

최바울은 적어도 2010년 이전에는 교회의 조직화에 대해 논하면서 성경과 사도적 실천에 기초를 두는 개혁교회나 장로교회의 관점으로 자신들의 선교를 전개하지 않았다. 2010년 이전의 저서에서 그는 교회의 조직화를 인간의 아이디어거나 로마의 조직체계에서 영향을 받은 산물로 보았다.[54] 그리고 이에 반대되는 역사를 성령의 사람들이 이룬 것으로 정의한다. 그러면서 교회의 조직화로 인해 영적 리더십과 성령의 카리스마가 오히려 사라져버리게 되었고, 교회의 권세와 교회정치만이 서슬 퍼렇게 작동하고 있다고 주장했다.[55] 그리고는 최종적으로 교회와 국가가 통합되어버렸으니, 로마 가

---

54 최바울, 시대의 표적, 219-220.

55 최바울, 시대의 표적, 220.

톨릭교회가 바로 그처럼 죽은 교회가 되었던 것이라고
비판한다.

그러나 고려신학대학원 교수회는 2016년 9월 총회보고
서의 결론부에서 "신학적으로 인터콥의 이원론적 우주
관 및 세계관은 문제가 많다. 인터콥은 세상 역사를 지
나치게 하나님과 사탄 사이의 전쟁으로 본다. 물론 사탄
이 타락한 세상에서 일정한 권세를 가지고 하나님을 대
적하고 있는 것은 사실이지만, 그럼에도 불구하고 이 세
상은 하나님이 다스리시고 주관하시며 세상 역사를 주
관하시는 분은 하나님이시다. 하나님은 만왕의 왕이시
며 만주의 주로서 홀로 영광을 받으시기에 합당하다. 비
록 최바울 목사가 사탄은 하나님과 동등이 아니며 하나
님의 허용 한도 내에서 활동한다는 점은 인정했지만, 세
상 역사를 하나님의 나라와 사탄의 나라의 대립과 격돌
이라는 일관된 관점에서 이해한다는 사실에는 변함이
없다. 이렇게 보게 되면 하나님의 주권을 훼손할 위험성
이 있을 뿐만 아니라 지나친 이원론에 빠지게 된다. 나
아가서 인간 창조의 목적도 하나님과 사탄의 대결이라
는 구도로 왜곡하게 된다. 이런 문제점은 구체적으로

'대적기도'와 '부의 이동'같은 개념에서도 드러나게 된
다."고 신학적인 문제점들을 정확하게 지적하고 있다.[56]
아울러 앞서 언급한 교회적인 선교활동에 있어서의 문
제점들도 언급했다. 그리하여 지난 2016년 9월 22일에
고신 총회에서는 인터콥에 대하여 불건전 단체로 규정
하고 참여, 교류의 금지 결의한바 있다.

6) 구약과 신약의 통일성을 약화시킴

최바울의 2010년 이전의 저작들을 보면, 마 3:2과 4:17
에 있는 "천국이 가까이 왔느니라"는 말씀을 해석하면
서, 구약 시대의 이스라엘에 대해 말하다가 구약에서
의 이스라엘과 신약에서의 이스라엘의 차이를 지나치
게 대립적으로 바라보는 견해를 빈번히 드러낸다.[57] 신
약시대의 천국에 대한 이해에 비해 구약시대에는 천국
에 대해서 잘 몰랐고 정치적인 왕국으로서의 영광에만
관심이 있었다고 설명하여 신약과 구약의 이해를 대립

---

56 http://www.kscoramdeo.com/news/articleView.html?idxno=10066
57 최바울, 시대의 표적, 204, 206.

적으로 말한 것이다. 그러나 이처럼 구약과 신약을 대립적인 것으로 이해해 버리면 마르시온(Marcion)적인 이원론의 경향이 생기게 된다는 것을 항시 경계해야만 한다.

한편, 최바울은 구약의 유대인들에 대해 율법과 종교문화가 지배했던 민족이었다고 말한다.[58] 그리고 이스라엘 종교지도자들은 참으로 율법주의적이었으며, 마치 종교적인 기계와도 같았던 것으로 이해한다. 예수님께서는 그러한 자들로부터 세리와 창녀들과 어울린다는 비난을 받았던 것이라고 말했다. 그러므로 예수님께서는 그러한 시대에 전혀 새로운 운동인, '천국운동'을 펼치셨던 분이라고 주장한다.

하지만 최바울은 예수님께서 정작 당시 예루살렘의 종교의식들을 그대로 수행하신 분이었음을 간과하고 있다. 히브리서에도 명확히 밝히고 있는바, 예수님께서 그의 부모들과 함께 해마다 유월절에 예루살렘으로 가셨었고(눅 2:41), 구약의 율법의식들을 다 지키셨을 뿐만 아

---

58 최바울, 시대의 표적, 223.

니라 그 의의들을 다 이루셨다는 사실을 말이다.

4. 최바울과 인터콥에 대한 신학·교회적 판단

최바울과 인터콥이 선교하고자 하는 모든 나라들, 그 가운데서도 유대인에게든, 이슬람 사람들에게든 복음을 전해야 한다는 목표설정은 얼마든지 지지를 받을 수 있는 것이다. 어느 민족 누구에게나 복음은 반드시 필요하며 전해져야만 하기 때문이다. 그러나 그러한 목표를 위한 근거로서 제기되는 내용들에 있어서 반드시 성경적인 근거가 있어야만 할 것이다. 아울러 그러한 선교적 목표를 이루기 위한 방법들에 있어서도 성경적이어야 한다. 복음을 전한다는 것은 복음을 설교하는 교회를 세우고, 그러한 교회는 또한 보편교회 안에 있는 교회로서의 하나 됨을 유지하도록 하려는 복음전파여야만 하는 것이다. 이러한 의미에서 볼 때에, 반드시 역사적인 정통 교회의 복음을 전하는 것이어야 비로소 성경적인 선교를 하는 것이라 말할 수가 있는 것이다. 유대인이건 이슬람이건, 정통 기독교회의 구주이신 예수 그리스도

의 복음이 전해져야만 하며, 또한 교회를 통해서 그러한
복음이 전해지도록 해야 한다.

2011년 이전까지 최바울과 인터콥이 제시하는 선교목
표와 그 근거들에 바탕을 둔 선교활동에는, 탈교리화
(dedoctrinalization)의 문제, 교회관의 문제와 분파주의,
세대주의적 종말론, 비성경적인 Back to 예루살렘, 복
음의 서진운동의 절대화, 교회제도 및 교회법에 대한 편
향적이고 비판적인 이해, 이원론적 우주관 및 세계관,
구약과 신약의 통일성을 약화시키는 오류와 위험성이
있음을 그의 서적들을 통해(최바울은 2011년에 그 책들을 회수
했다고 함) 확인할 수 있다. 그러므로 최바울과 인터콥이
기존의 신학적 문제점들과 선교활동에서 분명하게 단절
하지 않는다면, 기성 교단들의 "교류단절", "참여금지",
"교류금지"가 여전히 유효할 수밖에 없을 것이다.
사실 인터콥은 지난 2013년 이후 여러 가지로 변경된
것들과 변화의 양상들을 몇몇 문서들을 통해 입증하려
노력하고 있다. 하지만 그러한 노력이 짧은 기간에 결
실할 수 있는 것이 아니며, 교회와 선교현장에서는 인터
콥에 대해 과거부터 제기되었던 문제와 부작용들이 여

전히 나타나고 있는 것으로 보고되고 있다. 그러하기에 인터콥은 특정한 교단의 지도와 제안, 그리고 선교 동역 자들 내지 건전한 선교단체들과 긴밀한 협조를 통해 서 로간의 협력을 이루기도 함으로서 진정성 있고 실질적 인 변화를 꾀하도록 해야 할 것이다. 그런즉 지난 "2013 년 대한예수교장로회(합신) 이단사이비 대책위원회는 총 회가 청원한 '최바울(인터콥) 이단성 판단 및 이단규정 청 원권'에 대한 보고서에서 여전히 심각한 이단적 요소들 이 있어 참여금지 및 교류금지 청원"[59]을 한 것과, 2016 년 9월 22일에 고신 총회에서는 인터콥을 불건전 단체 로 규정하여 참여, 교류 금지를 결의한 것이 지금까지도 유효하며, 성결교단 및 합동교단과 통합교단의 판단들 을 겸허히 받아들이는 것이 무엇보다도 요구된다. 이에 대하여 만일 최바울과 인터콥이 오해를 받는 것과 그로 인한 억울함이 있다고 한다면, 이에 대해 적극적으로 해 명과 반론을 제기하며 대처하는 것과 더불어서, 자신들 을 반대하는 이대위의 목사들에 대해 법적으로 대응한 것을 철회하지 않는 것은, 그들의 변화와 개혁에 있어서

---

59 http://www.kscoramdeo.com/news/articleView.html?idxno=10066

의 진정성을 입증하는데 있어서 가장 큰 걸림돌이 되고 있다. 그런즉 교회의 이름으로 교단들이 제기한 판단들과 제안들을 그리스도의 교회가 주는 것으로 알고 받아들이기를 바란다.

끝으로 진정성 있는 변화와 더불어서 실질적인 열매들이 확인될 정도로까지 나타나게 될 때에는, 언제든지 여러 교단들과 여타의 선교회들이 이전에 판단들과 조치들을 변경할 것임을 기억해야 할 것이다. 그러므로 이러한 모든 사항들을 최바울과 인터콥의 전 회원들이 진지하고 겸허하게 수용하여 받아들이기를 진심으로 권고하는 바이다.

그러나 인터콥은 코로나19 시기에 확진자 대응에 있어서 문제가 된 것에 대해서 한국세계선교협의회(KWMA) 법인이사회에 공문을 보내 KWMA의 위상과 연합사역에 부담을 주지 않기 위해 2021년 6월 29일 자진탈퇴를 했다고 밝혔고, KWMA 법인 이사회는 같은 날 2년 회원권 정지 결정을 내렸다. 인터콥이 KWMA 법인 이사회의 징계결정에 탈퇴한 것으로 볼 수도 있다. 인터콥이 KWMA 법인 이사회의 지도와 판단을 받고 그 기간 인터콥을 돌아보고 변화되는 것이 더 바람직하였을 것이다.

<부록>

'스캔들'Scandal에 관하여[1]
(죽어가는 목사의 스코틀랜드 교회를 향한 유언)

1장: 이단Heresy, 그리고 분리Schisms와 분열Divisions의 차이는 무엇인가?

첫째로, 우리는 교회 안에 분열division과 같은 것이 있음을 인정한다. 이것이 어떤 새롭거나 이상한 일로 간주되어서는 안 된다. 왜냐하면 성경은 그것을 명확하게 밝히고 있으며, 교회의 역사는 그에 대해 의심할 여지가 없도록 하기 때문이다. 우리는 다음 몇 가지의 사항을 허용할 수 있다.

1. 여기에서 의도하는 분열은 모든 경쟁, 정신의 소외, 사람에게 일어나는 실행의 차이가 아니며, 그러나 교회 일에 관한 것은 교회가 마땅히 해야 할 일이니, 따

---

1 장대선 목사가 번역한 것을, 동의를 얻어 첨부한다.

라서 시민 논쟁과 주장으로부터는 구별되어야 한다. 우리는 또한 어떤 일에 있어서 양심을 지닌 사람들이 다른 판단을 내릴 때처럼, 스캔들의 책임을 지지 않는 교회의 차이가 있을 수 있으며. 반면에 어떤 경우에 있어서는 폴리캅Polycarp의 때, 그리고 이레니우스Irenaeus의 시대(부활절 문제에 관하여)처럼 어떠한 관용에 있어서 인내심을 지닌 다양성이 내포되어 있을 때에는, 어떠한 범과나 자비에 위배됨이 없이 그것을 수행할 수 있음을 공표할 것이다. 이에 대해서는 우리가 말하려는 것이 아니다.

2. 때때로 제목과 표현이 더욱 대체적이고 되는대로 사용될 수도 있겠지만, 이제 이 담론에서 우리는 다른 [현명한] 사용이 무엇인지에 상관이 없이 다음 세 가지, 즉 이단Heresy, 분리Schism, 그리고 분열Division을 구별할 것이다.

◆ 그리고 첫째로, '이단'Heresy은 교리에 있어서의 어떤 오류로서, 특히 근본적인 교리에 있어서의 오류이니, 집요함과, 동일한 것을 전파하기 위해 노력하는 특

징이 뒤따른다.

◈ 또한, '**분리**'schism는 교리에 있어서는 이단이 아닐 수 있지만, 교회의 연합을 깨뜨리며, 그 구성원들 사이에 있어야 하는 정치government나 예배worship 가운데 어느 한 곳에서의 친교의 단절이기도 하다.

◇ **교회정치의 분리:** 무엇보다 교회정치에 있어서, 모든 사람이 복종해야하는 공적인 정치the common government의 분리이며, 또한 별개로 설정된 교회정치이다. 이는 장로회Presbytery에 반대하여 성공회Episcopacy를 설립하면서도 여전히 근본적인 진리는 그대로 유지해야 한다고 가정하면서도, 정치가 바뀔 때에 발생할 수 있거나, 혹은 같은 정치(교회정치)가 인정될 수 있지만, 그러나 권한이 어느 누구에게 속했는가에 대해서는 차이가 있을 수 있다고 본다. 그래서 때때로 사람들은 가톨릭의 교의Popery를 인정하면서도 다른 교황을 따르기도 했다. 종종 분파들Sectaries은 종교회의Councils와 감독들Bishops에 대해 부인하지 않았지만, 그러나 그들이 [그러한 것들을] 직접 세웠으며, 그러한 것들에 속한 이들에 대해 복

종하기를 거부했다. 첫 번째 종류[종교회의Councils와 감독들 Bishops이 유지되는 것에 대해 부인하지 않는 것. 역자 주]는 정치에 관한 교리적인 오류를 의미한다. 두 번째[(종교회의와 감독들을) 그들이 직접 세우며, 그러한 것들에 속한 이들에 대해 복종하기를 거부하는 것. 역자 주]는 동일한 정치의 원리들로 구성 될 수 있지만, 그것들의 적용에 있어서는 다르며, 사람들이 다양한 최고 독립 정치들supreme independent governments을 인정하면서 그에 따라 행동할 때에 불일치schism의 원인이 된다. 그런즉, 교회가 하나여야 할 때에, 그것은 원래대로, 둘이 되어버리고 마는 것이다. 그리고 이는 'altare contra altare', 즉 '제단 대 제단'을 세우는 것이라는 표현 아래 교부들의 유감과 반대의 외침이 있었으며, 심지어 주님께서도 자신의 예배와 관련하여서 오히려 하나만을 허용하셨다.

◇ **예배의 분리**: 예배에 분리가 있을 수 있으니, 동일한 교리doctrine와 정치government가 모두 인정된다 하더라도, 말씀과 성례, 기도와 같은 교회 의식에 있어서의 교통communion이 계속되지 않을 뿐 아니라, 이러한 것들에 대한 별도의 방법을 따르게 될 때가 바로 그것이다.

이것은 고린도 사람들의 분리의 한 부분이었던 것(그것의 기원이 무엇이든 간에) 같은데, 그들은 의사소통, 다른 의무 및 기타 의식을 수행하는 불일치된 방법(고전 11:18-21, 33절에서 취합할 수 있다)을 가지고 있었던 것으로 보인다. 이러한 종류의 불일치는 교회에서 자주 발생했으며, 교회회원들의 헌법constitution이나 치리자들governors의 실패와 마찬가지로, 교리와 교회정치에 대한 불만족스러움으로부터는 그다지 기인하지 않았다. 그러므로 노바투스파 Novatians, 도나투스파Donatists, 밀레시안Meletians, 카타리파Cathari, 그리고 다른 사람들의 경우에는 그들의 잘못이 어떤 이상한 교리를 세우거나 진리를 배척하는 데에 있었던 것이 아니라(적어도 처음에는), 어거스틴이 자주 주장한 바, 친교의 끈band of communion을 [그들 스스로] 끊는 데에 있었다고 기록되었다. 이에 대해 그는 말하기를, "분리는 믿음을 달리하지는 않지만 집단을 공유하지는 않는다. Schismaticos facit non diversa fides sed communionis disrupta societas"고 했다. 다시 그는 도나투스파에 관해 말하기를, "믿음에 대한 의문을 던지지는 않았지만, 오직 불명예스러운 연합이 아니라 그리스도의 연합만을 주장하는 적대감, 즉 부조리와 오류에 맞서 싸웠다. Nec de ipsa fide vertitur questio, sed de sola communione infaliciter litigant, & contra unitatem Christi rebelles inimicitias, perversitate sui erroris, exercent"고 했다. 그리고 이러한 종류의 분리는 종종 전자[앞서 언급한 교리의 일치를 언급하는 것으로 보인다. 역자 주]와 함께 이끌리며, 다른 하나가 없이[친교의 끈을 끊어서는 안 된다는 문맥으로 보인다. 역자 주] 이를 유지할 방법은 없다.[믿음에 있어서 다른 교제는 아니지만, 교제에서 끊어지는 것은 교회의 분리를 낳는다. contra Faustum, lib 20. 또한,…그리고 신앙 자체에 대해서는 조사가 수행되지 않았지만, 그들은 그들 자신의 친교 등에 대해 불행한 논쟁을 벌였으며, 그리스도의 연합에 반대하는 반항적인 적대감으로 자신들의 오류에 대하여 그들 스스로를 변론하기에 바빴다. Ad Bonifac. Epist. 50. 저자의 주]

이러한 분리schism의 종류에는 여러 가지가 있는데, 각각의 기원과 칭호에 따라서, 또한 전체적인 친교[혹은 교통]를 깨뜨리는 것으로 확대됨에 따라, 의식으로부터 혹은 어떤 것의 일부로부터, 또는 고린도 교회에 있었던 것처럼 보이는 일부 의식에 있어서, 비록 그것이 특별하고 중요한 의식이었을지라도 그 곳에 전적인 분리는 없었다. 그리고 그것은 또한 다른 사람들과의 의사소통을 두려워하고, 따라서 그들을 위해 기다리지 않았던 몇몇 구성원들의 부패 때문에 분리가 일어났을 가능성이 있다. 왜냐하면 사도는 특히 이를 비난하여, 그들에게 서로를 기다리라고 권고하기 때문이다. 그리고 이를 이루기 위해, 그는 올바른 식사를 위해서, [그리고] 지혜 있게 자신들을 살피기 위해 필요한 것이 무엇인지를 그들에게 분명하게 밝히며(28절), 그들 자신을 준비하지 않고 합당하지 않게 먹은 자들은, 다른 이들이 아니라 자기 자신의 저주를 먹고 마시는 것이라고 그들에게 선언한다. 그러므로 그는 이르기를, 당신은 그들이 어떻게 준비되어 있는지, 혹은 당신과 더불어서 그들이 어떠한 사람인지에 대해 그렇게 애타게 걱정할 필요가 없으며, 그러나 당신들 스스로를 살피고, 당신들 가운데서 분리가 일어나지 않도록 다른 이들을 위해서 기다리라고 말한다. 그리고 이에 대해 그는 이르기를, 애찬을 받는 자들 사이에서 술 취함을 책망 할 때에, 따로 떨어져서 개인적으로 애찬에 참여하는 것이 그들의 관행이라 할지라도, 그것을 핑계로 인정하지 않을 것이라고 했다. 이것은 이미 앞부분에서 언급된바 있다.

이 분리schism는 아무리 이해하려한다고 해도, 교회에

큰 해를 끼치는 것이며, 가장 큰 오류의 유입구inlet이자 모판nursery인 것으로 입증되었다. 그것은 부패한 교리와 이단만큼 아주 중요한 것임에도 불구하고 성경에서 가장 시급히 정죄되고 있는 것으로서, 마법witchcraft, 우상숭배idolatry, 이단heresy 등과 더불어서 원초적인 육체와 정신에 기인한다(갈 5:20). 그것은 신실한 목회자들에게 아주 중요했고, 모든 부류의 사람들에게 가장 불쾌한 것이었을 뿐 아니라, 진리의 대적자들을 아주 유리하게 했으며, 노바티아누스파Novatians, 도나투스파Donatists, 그리고 그 밖의 다른 종류의 사람들에 대해 언급하는 교부들의 진지한 고소들complaints과 저작들writings 가운데서 볼 수 있듯이, 교회를 세상에 대하여서 가장 비참하고 경멸할 만한 곳으로 만들었다. 또한 거기에 참여한 이들에게 가장 위험한 것으로 판명되었으며, 종종 이전에 주의했었던 바와 같은, 심령의 무감각, 방호, 자신감 혹은 기타 등등의 일종의 영적인 악들, 또는 더욱 극심한 유혹을 받도록 내어 맡기므로, 어떠한 영적인 황폐함을 가져오는 올무였다. 또한 그러한 분리가 세상의 일부 지역에서 매우 갑작스럽게 퍼져나갔으나, 쉽게 제거되지 않았던 것을 살펴볼 수 있다. 이러한 노바티아누스파와 도나투스파들의 분열은 여러 세대에 걸쳐 교회의 문젯거리였는데, 그것은 사람들이 그 점에 있어서 통일성을 가르는 것을 결코 작은 악이라고 생각하지 않도록 하고, 그들도 그 같은 것에 빠지는 것을 두려워하게 만들기에 충분할 것이다. 그러나 모든 분리는 교리의 오류를 전적으로 포함하기 때문에 비록 그것이 동일에서 발생하지는 않으며, 그러므로 교리에 대한 오류에 대해서 말한 것이 부분적으로 여기에 적용될 수 있기 때문에, 이것에 대해 특별히 언급하는 것을 우리는 금해야만 할 것이다.

◇ **분리가 의미하는바:** 우리는 분리가 다음 중 하나 또는 모두를 내포한다는 것을 알게 될 것이다.

⑴ 그러한 타락들corruptions로 인해, 또는 그러한 부패한 신자들로 인해 다른 의식 가운데 있는 교회와의 교통이 불법이 될 수도 있는데 왜냐하면 그러한 부패들, 혹은 그러한 부패한 회원들 때문이다.

⑵ 교회 주변에 분명하게 세워진 교회가 있을 수 있지

만, 아직은 다른 교회와 교통communion하지는 못할 수
도 있다.

⑶ 이러한 혹은 그러한 것의 결과: 지상에 있는 그리스
도의 교회가 하나가 아니라는 것(가시적인 가톨릭교회의 통일
성의 진리가 모든 교회 연합과 친교의 주된 근거임), 또는 한 교회가
그처럼 이질적heterogeneous이거나 그와 유사하지 않은
dissimilar 부분으로 구성 될 수 있으므로, [그런 경우라면] 그
들 가운데 한 사람이라도 다른 이들과 교제하지 말도록
하며, 교회의 갈라짐renting과 위해prejudice, 그리고 다른
모든 이들의 일반적인 범과와 넘어짐이 있을지라도, 이
에 대해서는 적어도 입을 막고 그 자신의 만족과 위로를
구하도록 해야 한다. 정당한 분리schism와 구분separation
은 이러한 것들 가운데 하나를 함축하는imply 것이어야
만 하는데, 만일 그들이 그것을 당연하게 여기지 않는다
면, 이러한 원리들에 따라 그처럼 곧바로 행동할 수 있
는 다른 방법들을 생각할 수가 없기 때문이다.

◇ **성급하고 부끄러운 분리:** 아무런 이유도 없이 분리하
는 것은 부당한 분리an unjust schism이며 성급하고 부끄

러운rash and scandalous 분리이기 때문에, 그것이 주어진 근거를 넘어서는 경우이거나 혹은 주어진 근거가 그러한 분리를 보증하지 않는 것임을 공표하도록 한다.

아마도 (1) 구분separation이나 분리schism가 어떤 경우에 있을 때에, 그것은 참으로 교회 안의 결함이기는 하지만 고린도 교회의 경우에서처럼 그 안에서의 교제를 죄로 만들지는 않을 것이다.

또는 (2) 분리가 그 근거를 넘어서 확대되는 때: 그것은 그러한 교회에서 주의 만찬에서 교제할 수 없었을 때이니, 만약에 그러한 경우라면, 그 의식의 죄악되고 부패함 가운데서 주어진 근거를 넘어서는 모든 의식들ordinances 가운데서의 교제로부터 구분되어야separate 한다.

또는 (3) 어떠한 공개적인 분리도 인정될 수 없는 경우, 그럼에도 그것이 실제로 그리고 참으로 실행될 때에, 사람들은 그러한 근거 가운데서 분열이나 분리를 정당화할 수 없으며, 또한 동일한 것을 추구하는 것으로부터 그들의 실행의 정당성을 완전하게 입증할 수 있는 것도 아니다. 어떤 점에서 분리schism와 쪼개짐rent은 교회의 애착, 혹은 성향으로부터 나오며, 충분한 근거를 이루는 빛, 혹은 이성으로부터 나오는 것이 아니므로 성급하고 부당할 수밖에 없다.

(4) 만일에 그러한 근거를 풀어내기 위해 어떠한 노력도 하지 않았다면, 그것은 성급한 방식the manner precipitant일 수 있으며, 또한 사람들이 교회 안에서 그들 자신이나 다른 이들에게 나타날 수 있는 상황들과 함께 그것들을 종합함으로써, 교회의 결점을 조금이라도 덜 증대시키게 될 때에, 그것은 분리를 견디고 정당화하기에 충분한 근거가 될 수 있다. 또는 그런 식으로, 일들이나 사람들에 대한 그들의 불만족을 표출하여, 교회의 통일성을 손상시키거나, 쪼개지는 상황, 혹은 분열, 또는 분리와 같은 것들 가운데서, 다른 이들은 다음과 같이 결론을 내릴 수 있을 것이다. '그처럼 타락한 등등의 교회와는, 더불어서 교제를 지속해서는 안 된다(그리고 모든 신성함으로 인정하는 바와 같이, 그 일은 타당하고 충분히 적절하다). 그러나 이런저런 개별 교회들은 다 그런 것이다.' 이것은 다시 그 가정을 확인시켜주는 것처럼 보이는 몇몇 작은 결

함의 너무나도 격렬한 악화에 의해 만들어지도록 제시된다. 그리고 실제로 어떤 이들은 분열에 관해 인지하고서 어떠한 전제를 내려놓겠지만 누구도 아직은 결론에 따라 행동하지 못할 것이고, 실제로 구분된 다른 이들은 그 결론을 그대로 계속 유지할 것이며, 누구도 이러한 근거에 더하여 합법적인 분열을 절대적으로 지속할 수는 없을 것이다. [이처럼] 분리schism와 분열divisions은 그 본질과 명칭에 있어서 너무나도 가까운 것이어서, 우리는 이런저런 것들 가운데 하나를 분명하게 보여주기 위해 사례를 사용할 수밖에 없음을 밝힌다.

◈ '분열'이라는 말이 의미하는 것은 무엇인가: 세 번째의 단어는 '분열'Divisions로써, 첫 번째의 관점인 분리schism와 다르지 않다. 그러나 우리는 여기에서 그것을 각각 다르게 받아들이는데, [교회]정치와 예배 모두에 있어서의 교제와 일치하는 교회 안에서의 그러한 분열과 불화가 있음에 동의하지만, [그렇다고] 그들을 따르는 분열된 정치나 예배를 따르는 것은 아니다. 이러한 차이점들을 고려하여 우리가 관찰할 수 있듯이, 성경과 교회의 역사에는 많은 그러한 예들이 있다.

◆ '분열'의 여러 종류들: (1) 그 문제가 근본적이 아니거나, 그 자체에 대해 아직 그다지 변론pleaded되지 않았을 때에, 교리적 분열이 생기기도 하는데, [이는] 서로 다른 이들 사이의 교류communion를 끊는 것이다. 아마도 [그러한 교류의 단절은] 단순히 무관심함의 문제 일 수도 있겠으나, 각기 동일한 것을 소유한 이들 사이에서의 너무 지나친 열심eagerness, 열의vehemency, 신랄함bitterness 등이, 그에 더하여 뒤따른다. 그러므로 초대교회의 시절 the primitive times에는 고기에 대한 논쟁이 뜨거웠으나, 적어도 그 당시에는 그 자체로 양편의 신앙의 기초를 파괴하지 않았으며, 따라서 이단적이지도 않았다. 또한 그들은 교회 의식에 있어서의 교류를 끊지도 않았으며, 따라서 분리적이지도 않았다. 하지만 그럼에도 불구하고 교회는 회원들 사이의 분열division로 인해 어려움을 겪었다. 이러한 종류의 분열은 진리의 어떠한 요점들에 있어서 경건한 사람들과 정통적인 사람들 사이에서도, 자신들의 필요에 따라서 그들의 의견을 너무 격렬하게 강행할 때에, 혹은 그 본질에 따르는 것을 넘어서까지 너무 많은 불합리함들absurdities을 다른 이에게 지우게 될 때에 발생할 수 있는 것이다.

⑵ 실제적practical이라 할 수 있는 몇몇 분열divisions이 있는데, 참으로 약간의 의견의 차이를 암시하지만, 실행 가운데서 항상 무언가가 추론되기도infer 한다. 이러한 종류의 것에는 분리a schism가 일어나기 전의 초대교회 시대의 부활절easter에 관련한 분열이 있었습니다. 그 이후로 어떤 이들은 주교a Bishop에 의한 성직임명을 인정했는가 하면, 어떤 이들은 이를 인정하지 않았으며, 어떤 이들은 종교회의a council의 권한을 인정하고, 다른 이들은 그렇지 않으므로, 각기 다른 여러 실행들practices이 있었다.

⑶ 어떤 분열들은 특정한 사람 사이에서 있었으며, 일부는 교회들에 영향을 끼쳤으니, 말하자면 한 부류들party은 다른 부류들을 대항했던 것이다. 첫 번째 경우는 아주 적절한 차이로서, 바울과 바나바 사이에 있었던 논쟁a contention이라 불리는 것과 같이, 매우 경건한 사람과 열성적인 사람 사이에 있을 수 있는 것이었다(행 15:39). 또한 이 같은 것을 우리는 아우구스티누스와 제롬 사이에 있었던 교회의 역사에서 발견할 수 있으며, 크리소스톰과 에피파니우스는 참으로 그러한 다툼이었으니, 만

일에 주님께서 막지 않으셨다면, 교회에 분파들parties을 만들고, 찢기에 적당했을 것이다. 그러나 다른 것 즉, 여러 종교회의들에서 볼 수 있듯이, 한 부류들이 다른 한 부류들을 대항하여 행하는 것은, 고린도 교회에서처럼 한 사람이 다른 사람에, 그리고 서로에게 집착했을 때에, 발생했다. 나는 이를 분파faction라고 보며, 참으로 분열division이었다고 말한다.

(4) 분열은 판결에in judgment 있어서나 자애에in affection 있어서, 혹은 실천에in practice 있어서와 같은 모든 측면에서 고려되어야 할 것이다. ① 그것은 판결에 있어서 그들이 같은 마음이 아닐 뿐만 아니라, 진리에 대해 다양한 이해를 지니고 있을 때에 일어나는 것이다. ② 그것은 자애에 있어서 그 판결의 차이에 따른 소외가 뒤따를 때에, 그 사랑으로 인해, 그리고 자애와 다른 이에게 빚진 자비가 다소 차갑거나 불안정하게 되는 것이다. ③ 이는 실천에 있어서 상대방이 하는 일을 가로채고 깎아내리는 것이 진리에 이득이 되기라도 하는 것처럼, 그들이 말한 것과 서로 다르고 정반대로 행할 때에 일어나는 것이다. 이러한 구별은 고전 1:10절의 "형제들아……너

희 가운데 분쟁이 없이 같은 마음과 같은 뜻으로 온전히 합하라."는 말씀에서 명확하게 암시되며, 이 세 가지가 합쳐져서 시작되는 것으로서, 좀 더 정확히 말하자면, "같은 말을 하고", [같은] 행동을 하는 것과 관련된 것이다. "같은 마음……으로 온전히 합하라"의 자애affection 와 관련하여, 그리고 "같은 판결judgment에서 하나가 되고"의 판단opinion과 관련된 내용: 이 모든 것들과 정반대되는 분열이 거기에 있다고 가정할 때, 그것은 또한 종종 동시에 진행된다.

(5) 거기에는 어떤 직무를 수행하는 방식과 상황들에 있어서, (말하자면) 부정적인are negative 어떤 분열들Divisions 이 있다. 따라서 사람들은 서로 다르고 다양한 길을 택할 수 있지만, 그래도 그들 모두가 복음의 일의 번창함을 위해 노력하고 있으며, 서로 가로채려고 애쓰거나, 혹은 서로를 그다지 중요시되거나 성공적이지 못하도록 만들려고 애를 쓰지도 않는다. 그러므로 바울과 바나바는 그들의 다툼 후에, 복음의 일을 수행하는 그들의 방법에 있어 서로 달랐으며, 게다가 그들 모두가 그 일에 계속해서 신실했고, 그들 중 어느 쪽도 대적하지 않

앉으며, 다른 이에게 반박하지도 않았다. 다시 한 번, (말하자면) 어떤 분열들은 긍정적이었으며are positive, 사람이 서로 다를 뿐 아니라 서로 배척하고, 일을 수행함에 있어서 그들 혼자서 행하도록 하지도 않고, 그들의 반대편과 그들과 함께 그 일을 수행할 수도 있었다. 그러나 권위the authority를 실추시키고 다른 사람의 행동에 흠집을 내려고 노력하며, 그들이 다른 특정한 부분에 있어서의 찬성에 사람들을 끌어들이고, 분열division과 파당faction을 적절히 선호하며, 더욱 아프고 견딜 수 없는 것들이 있으니, 그들의 연약함을 지닌 자들을 사람들 사이에서 용인하는 것이 우선될 때이다. 그리고 그것은 아마도 한 사람을 치켜세우고 다른 사람을 쓰러뜨리려는 시도가 있었을 때의 고린도 교회의 분열과도 같을 것이다.

⑹ 일부는 판결의 차이에 대한 '교리'에 있었다. [또한] 일부는 우선적으로 '정치'에 있었다. 때때로 가장 탁월해야 할 제자들 사이에서도 다툼a contest이 벌어졌었으며, 그것은 추상적인 정치government abstractly를 위한 것이 아니라, 그것의 치리자들governors과 수행자들doers이어야 하는 사람들을 위한 것이므로, 그 자체로, 또는 무엇

을 해야 하는지에 관하여 그리 많은 것들을 고려하는 것은 아니다. 제자들 사이에서도 그렇듯이, '어떤 종류의 정치가 되어야 하는가?'라는 질문이 아니라, '누가 수장 chief이 되어야 하며 치리에 있어서 누가 주체the main여야 하는가?'라는 것이었다.

(7) 때로는 분열이 더욱 확실하고 깊이 뿌리를 박기도 하는데, 비록 어떤 식으로든 사람들의 계획이, 이를 주안점으로 하지는 않을지라도, 오히려 그것들을 이어가는 방식 가운데서 엇갈리는 때이다. 다시 말하지만 때로 그것들은 더욱 가끔씩 특정한 행위나 상황에서 발생하며, 어떤 점에서 사람들이 각각 다를지라도, 어느 쪽도 분열을 초래하지 않는 경우도 있다. 그래서 그들의 모든 노정의 연속과 변동에 있어서 조화로운 다른 길들이 있었을 때, 형제들 가운데로 마가와 요한을 데리고 갈 것인지 데리고 가지 않을 것인지의 특정한 문제는 바울과 바나바 사이의 논쟁과 분열의 계기가 되었다(행 15장. [특히 38-39절]).

(8) 종종 한편의 경건한 사람들과 정통적인 사람들, 그리

고 타락한 다른 사람들과의 사이에서 분열이 있기도 했는데, 아리안주의의 이단들the Arian Heretics과, 그러한 성격의 다른 사람들과 교회의 분열도 마찬가지였다. 다시 말하지만 때로 그것들은 경건한 사람들과 정통적인 사람들 모두의 편에서도 있었다. 그것이 그리스도의 제자들 사이에 있었을 때에, 분열의 스캔들에 대한 주요한 요소이자 악화의 요인이었다. 그리고 이것이 우리가 특히 말하는 것이다. 우리가 말할 수 있는 것에 관하여:

① 경건한 자들 사이의 분열 – 교회에서는 (사도행전 15장의) 바울과 바나바 사이에서와 같이, 경건하고 유능하며, 아울러 정통적인 사람들 사이에서의 분열과 같은 사건이 발생하기도 하며, 그리스도의 제자들과 [세례]요한의 제자들, 그렇다, 그들 사이의 그리스도의 제자들 중에서 발생하기도 한다. 그리고 그 후에 아우구스티누스와 제롬, 크리소스톰과 에피파니우스의 사례들이 나중 시대의 다른 많은 사람들과 더불어서 그 사실을 증명한다. 구약성경에서 우리는 욥과 그의 친구들 가운데서 아주 날카로운 논쟁이 오래도록 유지되었던 것을 찾아볼 수 있다. 그리고 민수기 12장의, 모세, 아론과 미리암 사이

에 어떤 분열의 기록을 볼 수 있다.

② 그것은 오래도록, 최악에 이를 수 있다 - 이러한 분열은 오래도록 지속되며, 최악에 이를 수 있으니, 비록 그 시작은 작은 것이었을지라도, 그것은 매우 첨예하게 될 수 있다. 다툼contentions은 물이 새는 것과 같으며(잠 17:14), 그리고 그것은 종종 좋은 사람들 사이에서도 자라나, 서로를 대적하는 많은 날카로움을 유발하기도 하며, 주어진 사례가 분명한 것처럼, 많은 확신을 가지기도 한다.

③ 그리고 [이를] 제거하기란 쉽지 않다 - 비록 [분열의 스캔들에 대한 주요한 요소이자 악화의 요인들이] 그들을 고조시키는 일이 빈번하게 일어나기도 하지만, 그러나 최선에서조차 그것들[분열의 요소와 악화의 요인들]을 제거하는 일은 쉽지가 않다. 이것은 (잠 18:19절의) 사실로써, "노엽게 한 형제와 화목하기가 견고한 성을 취하기보다 어려"우며, "이러한 다툼은 산성 문빗장 같으니라."고 했듯이, 그것들은 매우 강력하게 뿌리를 내린 것이다. 그러므로 우리는 주께서 중재하실 때까지, 그 점에 있어서 욥과

그의 친구들 사이에 [다툼을] 중지할 수 없었음을 알 수 있다. 바울과 바나바 사이의 그 문제에 있어서 중재할 수가 없었으며, 단지 그들의 논쟁은 계속해서 과열되었으므로 그들을 분리시켜야만 했다. 비록 그들이 주님의 사역 가운데서 그들의 여행과 순회를 하는데 있어서 가장 가까운 동료로서 오래도록 친밀한 교제를 해왔음에도 불구하고, 그들이 다시 함께 만났음을 특별하게 기록한 것을 전혀 찾아볼 수가 없다(사도행전 13장). 크리소스톰과 에피파네스는 다른 한 쪽에 대해 몹시 화가 났으므로 억지로 갈라졌었는데, 에피파니우스는 크리소스톰이 주교 a Bishop로서 죽지 않기를 바랐다고 기록되어 있다. 그는 또 다른 이들이 그의 집을 보지 못하게 되기를, 좀 더 자세히 말하자면, 그가 항해했던 키프로스를 사람들이 보지 않기를 바랐다. 이 모두가 서로의 사이가 틀어짐에 따른 악의의 불유쾌한 사례이며, 아울러 주님께서는 그들 모두의 이상스러움distempers에 반대하는 주님의 불쾌함을 나타내시려고 그들이 격앙passion되도록 만드시는 것처럼 보인다.